やさしくわかる！

公務員のための
SNS活用
の教科書

（ 佐久間智之 著 ）

JN017647

学陽書房

はじめに

　本書は、広報・情報発信のために自治体でSNSを活用したい公務員の皆さんに向けて執筆しました。でも、**そもそもどうして本書を買ってまでSNSを自治体で活用するべきなのか**、ピンと来ていない読者の方もおられるかも知れません。そこで、本書を読み始める前に、その前提を一緒に振り返らせてください。

　筆者は2002年に三芳町に入庁し、税務課や健康増進課を経て、2011年に秘書広報室に異動し、広報担当となりました。当時は役場からのお知らせと言えば、広報紙やホームページに載せたり、通知書を郵送したりする「オウンドメディア」（自庁が有するメディア）が主流で、SNSという言葉は聞き慣れないものでした。

　しかし、2011年以降、多くの自治体がSNSの1つであるTwitterを活用するようになりました。2011年3月11日に発生した東日本大震災を契機に、迅速に行政や自治体の情報を周知するためのツールとして、Twitterが非常に便利であることが広まったからです。**SNSは、その情報拡散の速さや、住民1人ひとりのニーズに合わせた細やかな情報発信ができる点に、大きなメリットがある**ことがわかったのです。

　一方で、Twitterの活用を見合わせた自治体もありました。**「トラブルがあったときに誰が責任をとるのか」「広報紙やホームページがあるから大丈夫」「隣の自治体がまだやっていないから、うちも様子を見よう」**といった理由からです。

　しかし、時代の変化とともにSNSなど自庁以外のメディア（アーンドメディア）を活用しなければ、全世代に適切に情報発信ができない場面が増えてきました。**「この10年で、テレビや雑誌、ラジオといった昔からあるメディアとインターネットメディアの使用割合がちょうど半々になった」**と言えば、SNSの存在を無視できないことがわかるでしょう。**行政・自治体も、インターネットやSNSを活用した情報発信を行わなければならない時代になったのです。**

　Twitter・Instagram・LINE・Facebook・TikTokなど、自治体が活用するSNSの種類が増える中、広報担当の業務の種類も**動画や写真の撮影、編集、テキストの作成**などと増えてきました。ミスを防ぐチェック体制や、**属人化しないような仕組みづくり**もしなければなりません。

これは、広報課に限った話ではありません。選挙の投票率向上のために選挙管理委員会がTikTokを活用する、新型コロナウイルス担当がワクチン接種の告知をInstagramで行う、LINEでふるさと納税の周知を行うなど、全庁的なSNSの活用が求められています。

　ここで強調したいのは、SNSの登場とともに**「全庁的に広報・情報発信における業務量が増えた」**ということです。だからといって、そう簡単に人員も増やせないので、どんな職員でもできる効率的なSNS活用術が、今あらゆる自治体に求められているのです。

　効率的なSNS活用術とは、結論からいうと、**「SNSを活用する目的を明確化する」**ということに尽きます。「ほかの自治体がやっているから、うちも！」というのは、目的ではありません。「○○の住民が、△△という情報を欲しているから、□□というSNSツールを使う」という結果を伴う計画が目的です。**SNSは手段に過ぎません。「やること」を目的にすると、思わぬミスを招くこととなりとても危険**です。

　では、具体的に自治体でSNSをうまく活用するにはどうしたらよいのでしょうか。その答えは本書の中にあります。「SNSとは何か」という基本から、フォロワーの増やし方、SNSツールごとの特徴やできる工夫、属人化しない組織としての運用方法、炎上への対応、写真の撮り方など、幅広く網羅しながら、どんな職員でも効率的にSNSを活用できる技術をこの1冊にギュッとまとめました。

　本書が、職員1人ひとりの業務改善と住民への質の高い情報発信につながれば幸いです。

2022年2月吉日

佐久間 智之

≡ もくじ

Chapter 1

住民に伝わる！安心される！
SNS文章＆画像の作成ポイント

Chapter 2 全SNS共通！
SNS文章&画像の作成ポイント

Chapter 3

「すぐ」&「拡散しやすい」
Twitterの使い方とポイント

Chapter 4
「話題性」＆「集客性」
Instagramの使い方とポイント

Chapter 5

「プッシュ型」&「安心感」
LINEの使い方とポイント

Chapter 6

「常連ユーザー」＆「顔が見える」
Facebookの使い方とポイント

Chapter 7

「若年層」＆「動画中心」
TikTokの使い方とポイント

Chapter

1

住民に伝わる! 安心される! SNS文章&画像の 作成ポイント

01
基礎

≡ **素早い情報伝達と炎上のリスク**

自治体SNS活用の
メリット＆デメリット

ほとんどの自治体でTwitterやFacebookを使用して情報発信をするようになり、広報紙やホームページと共に情報伝達のツールとして重宝されていますが、「住民の反応が今一つ」、「フォロワーが増えない」など悩みは尽きません。SNS活用のメリットとデメリットを考えてみましょう。

❤ メリット① 迅速に情報を発信することができる

出所：「東京都中野区（広報係）」（@tokyo_nakano）Tweet

　　　広報紙はインターネットができない人へ情報を届けることができますが、発行と配布でタイムラグが生じてしまいます。しかし、SNSを活用すれば、例えば左の東京都中野区のツイートのように刻々と変わるワクチン接種の状況を迅速に伝えることができます。さらに、コロナ禍で孫や家族が高齢者にSNSの情報を伝えるという現象も起こっており、**SNS＝高齢者に届かないという構図が変わってきている**のです。

❤ メリット② 費用がかからない

出所：「茅ヶ崎市」LINE公式アカウント

　　　SNSを利用するのに費用がかからないことは、**議会に予算を通さなくてもやろうと思えばすぐに運用できるので自治体にとって大きなメリット**です。左は茅ヶ崎市のLINEの画面ですが、こちらも無料で運用できています。一度フォローや友だちに追加をしてもらえれば**SNSツールはPUSHで情報を伝えることができる**こともホームページや広報紙にはないメリットです。

❤ デメリット① SNSを開始しても反応が全くない

♡   ↻   ♡   ↑

出所：Twitter

👍 いいね！   💬 コメントする   ➤ シェア

出所：Facebook

投稿しても全く反応がなく、見ている
のは担当職員か議員くらいしかいない
という自治体アカウントも……

　費用もかからないので始めやすいSNSですが、「とりあえず始めたものの何を
してよいのかわからない」「やる気のある職員が異動してしまい、クオリティが
下がる」などの課題を抱える自治体は少なくありません。その結果、**共感を生む
投稿ができず「今日もTwitterにとりあえず何か情報をアップしなきゃ……」な
どとSNSが目的化してしまう恐れ**があります。**SNSは目的ではなく「手段」**です。

❤ デメリット② 人員と時間、機材などが必要

写真や動画の撮影や編集作業、文章を書く作
業は片手間ではなかなか難しい

使用ソフト：Corel Video Studio

　質の高いSNS運用には良い写真や
動画、共感を生む文章力が求められま
す。外注しない場合は、**職員のスキル
やセンスとそれらを育てるための時間
も必要**ですし、それなりの機材や編集
ソフトが必要になります。しかし、あ
なたの部署で、本当に一流企業のよう
なきれいな写真や動画は必要不可欠で
しょうか。もし本格的にやるなら、そ
の分の職員の残業代や経費が前提にな
ります。これらを勘案し、どこまで**質
の高いSNS活用をするべきか、そも
そもできるかを考慮しましょう。**

Check　　そもそもSNSをやる必要があるのか考える

「隣の自治体が始めたからSNSを始めた」「議員に突っ込まれる前に始めた」など
という話もよく耳にしますが、SNSは情報を届けるための手段です。その程度の
理由ならやらないほうがよく、限られた時間や人員を別のことに使うべきです。
「なぜSNSを活用するのか」をしっかり考えることから始めるようにしましょう。

◎ そもそも SNS とは？

自治体 SNS の利用者と 利用目的の「今」

スマートフォンの普及に伴い、SNSを利用する人も年々増加しています。特に利用率の高い10～20代の若年層＝自治体に関心のない層であるため、自治体はこぞってSNSを開始するわけです。総務省が発表している情報からSNSの利用割合と目的を把握しましょう。

◎ 年々増加する SNS を利用する人の割合

　SNS (Social Networking Service) は、Webサイトの登録された利用者同士が交流できる会員制サービスのことです。

　下記グラフからは若年層のSNS利用者が多いことが読み取れます。これまではインターネットでの情報発信はオウンドメディア (Owned Media：自らがもつメディア) のホームページが主流でしたが、**自治体はこれからはアーンドメディア** (Earned Media：ユーザーが情報発信をするメディア) **であるSNSを積極的に活用**していかなければなりません。

【SNSの利用状況(個人)】

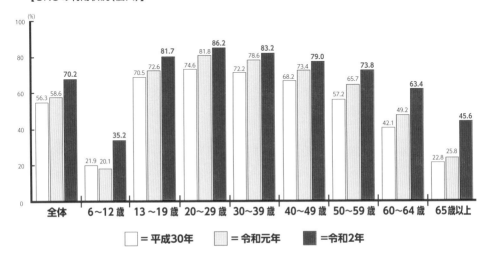

出所：総務省「令和2年通信利用動向調査」(令和3年6月)を基に筆者作成

● SNSを利用する目的の上位5つ

　次のグラフを見るとSNSの利用目的のうち「知りたいことについて情報を探すため」と「**災害発生時の情報収集・配信のため**」が大きく伸びています。

　また、次の表を見ると、年代が上がるごとに災害情報などのニーズが高まっていることから、災害情報などのニーズが高い50代以降の年齢層が利用しているSNSツールは何かを考え、戦略を立てることもできます。

【SNSの利用目的(個人)】

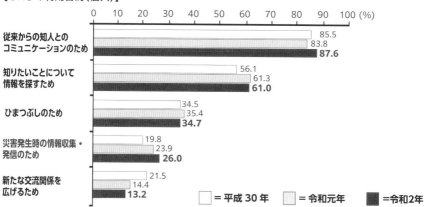

出所：総務省「令和2年通信利用動向調査」(令和3年6月)を基に著者作成

【SNSの年齢別利用目的】

	1位	2位	3位	4位	5位
6～12歳	従来からの知人とのコミュニケーションのため	知りたいことについて情報を探すため	ひまつぶしのため	新たな交流関係を広げるため	自分の情報や作品の発表のため
13～19歳	従来からの知人とのコミュニケーションのため	知りたいことについて情報を探すため	ひまつぶしのため	新たな交流関係を広げるため	災害発生時の情報収集・発信のため
20～29歳	従来からの知人とのコミュニケーションのため	知りたいことについて情報を探すため	ひまつぶしのため	災害発生時の情報収集・発信のため	新たな交流関係を広げるため
30～39歳	従来からの知人とのコミュニケーションのため	知りたいことについて情報を探すため	ひまつぶしのため	災害発生時の情報収集・発信のため	新たな交流関係を広げるため
40～49歳	従来からの知人とのコミュニケーションのため	知りたいことについて情報を探すため	ひまつぶしのため	災害発生時の情報収集・発信のため	新たな交流関係を広げるため
50～59歳	従来からの知人とのコミュニケーションのため	知りたいことについて情報を探すため	災害発生時の情報収集・発信のため	ひまつぶしのため	新たな交流関係を広げるため
60～64歳	従来からの知人とのコミュニケーションのため	知りたいことについて情報を探すため	災害発生時の情報収集・発信のため	ひまつぶしのため	新たな交流関係を広げるため
65歳以上	従来からの知人とのコミュニケーションのため	知りたいことについて情報を探すため	災害発生時の情報収集・発信のため	ひまつぶしのため	新たな交流関係を広げるため
全体	従来からの知人とのコミュニケーションのため	知りたいことについて情報を探すため	ひまつぶしのため	災害発生時の情報収集・発信のため	新たな交流関係を広げるため

出所：総務省「令和2年通信利用動向調査」(令和3年6月)を基に筆者作成

03

基礎

≡ **SNSの今を反映させる！**

対象に届ける
戦略的情報発信のポイント

代表的なSNSツールとして「LINE」「Twitter」「Facebook」「Instagram」「YouTube」などが挙げられますが、それぞれ利用者の動向は年々変化しています。「SNSを活用する」ではなく時代やターゲット層に合ったSNSツールを戦略的に活用することがポイントです。

◎ 年齢別の各SNSの利用状況

次の表を見ると、どの年代でもLINEを活用していることがわかります。また、ショートムービーを活用した「TikTok」の10代の利用率が57.7％と高く、若年層に自治体情報を届けるツールとして見逃せないアプリであることが伺えます。

	全年代	10代	20代	30代	40代	50代	60代	男性	女性
LINE	90.3%	93.7%	97.7%	95.6%	96.6%	85.4%	76.2%	88.0%	92.7%
Twitter	42.3%	67.6%	79.8%	48.4%	38.0%	29.6%	13.5%	42.7%	41.8%
Facebook	31.9%	19.0%	33.8%	48.0%	39.0%	26.8%	19.9%	32.4%	31.4%
Instagram	42.3%	69.0%	68.1%	55.6%	38.7%	30.3%	13.8%	35.3%	49.4%
TikTok	17.3%	57.7%	28.6%	16.0%	11.7%	7.7%	6.0%	15.3%	19.4%
YouTube	85.2%	96.5%	97.2%	94.0%	92.0%	81.2%	58.9%	87.9%	82.5%

出所：総務省情報通信政策研究所「令和2年度情報通信メディアの利用時間と情報行動に関する調査報告書」（令和3年8月）を基に筆者作成

∵ データから読み取れること

■「LINE」の利用率は最も高く90.3％。全ての各年代で最も利用率が高い。
■ユーザー同士の交流やコミュニケーションを主な目的とするソーシャルメディア系サービス・アプリの利用率は、「LINE」に次ぎ「Twitter」「Instagram」が同率で42.3％、「Facebook」が31.9％の順に高い。
■「Twitter」は10代と20代の若年層の利用率が高いほか30代と50代の利用率が伸びている。
■「Instagram」はTwitterと並びLINEに次ぐ利用率となっている。
■「Facebook」の利用率は全年代で減少していて特に若年層が顕著に下がっている。
■「YouTube」は全年代及び各年代で高い利用率である。

● どんな情報を誰に届けるのか

　自治体が一方的に情報を発信する場合に利用すべきSNSツールは「LINE」「Twitter」「Instagram」「Facebook」「YouTube」「TikTok」が挙げられますが、ポイントは『どんな情報を誰に届けるのか』です。例えば、75歳以上の人に向けた高額介護合算療養費についての情報をInstagramで発信しても意味がないのは左ページの表を見ればわかります。

　一方、ピンポイントで10代に情報を届けたい場合にはTikTokを活用してみることも考えられるわけです。

● 5Gによって「動画」のニーズが高まる

　これから高速通信である「5G」の普及が急速に行われると、動画をストレスなくどこでも見ることができるようになります。また、通信プランが各キャリアで安価になったり、データ使い放題がスタンダードになったりしつつあります。

　これまではデータ通信量を気にする必要があったため、Wi-Fi環境以外では動画を見ていなかった人たちが、気軽にいつでもどこでも動画を見る時代が到来しました。近年では、若年層はGoogleで検索するのではなくYouTubeで検索しています。つまり文字ではなく「動画」で情報を得る時代になっているのです。

　自治体情報を文字や写真でなく映像と音で伝えることは、自治体としてこれから取り組んでいかなければなりません。

Check　　　Instagram が Facebook の利用者を抜いた

Instagramの国内利用者は2019年には3,300万人を超え、Facebookの2,800万人を超えました。SNS疲れでFacebookを利用する人が頭打ちになり、離れる人も多くなってきていることが伺えます。自治体も時代の変化に上手に対応していかなければなりません。

≡ SNSをやる「目的」を考えて計画しよう

PDCAサイクルを回す ＆KPI値を決める

「とりあえず今日の分の写真をInstagramにアップした」「議員に言われたから仕方なく動画を作った」などの姿勢でSNSを運用しても、質の高い情報を住民に届けることはできません。PDCAとKPIを考え、戦略的にSNSを活用することがポイントです。

◎ PDCAで質の高い情報発信を

SNSは目的ではなく情報を届ける「手段」です。では目的は何かといえば、まちのファンや共感者を増やすこと、まちのことを知ってもらうことです。そのために必要な質の高い情報発信をするためにはPDCAが重要です。

Plan
企画を立てる
・「若年層に行政情報を届ける」「フォロワーを増やす」など企画を立てる
・どのSNSツールを使えば情報を伝えたい相手に届くか、利用者層を見て判断する

Do
情報を発信する
・Twitterを活用してコロナ情報を発信する
・LINEでワクチン接種情報を発信する
・夕方の帰宅時間を狙って情報を発信する

Check
確認・分析をする
・アナリティクスを活用して、「狙い通りの反応はあったか」「反応の良し悪しの原因は何か」などと分析する

Action
改善→実行
・良い反応があったときの投稿を参考に、配信時間を変えてみたり、文章や画像を変えてみたりして再度投稿する

⊙ KPIでゴールを決める

　なんとなくツイートしたり、意図もなくただやみくもに情報発信をしても次に
つながりません。必ず「投稿にはいいねを〇〇以上もらう」「1か月後までにフォ
ロワーを〇人増やす」などのゴールを決める (KPI＝業績評価指標) ようにします。
もしKPIよりも少なければ、なぜ少ないのかの原因を究明し改善する、KPIより
も多ければ、何が良かったのか究明して再度試すなど、PDCAと絡ませた質の
高い運用を心がけましょう。

⋮ KPIがあるとモチベーションが上がる

・いいねは平均10以上、リツイートは5以上
・1週間でフォロワーを10増やす　　など

茅ヶ崎市の事例

KPI設定
・感染予防の徹底を周知する
・50件以上のいいね、リツイート20件

工夫
・目に飛び込むような色合いとシンプルな内容
・夕方の帰宅時間前の17：30ごろに配信する

結果
・いいね61件、リツイート43件

検証
インパクトがある画像と【】を使った見出し、配信
時間が良かった。感染予防への関心の高い時期に
配信をしたことでKPIを上回った。

出所：「神奈川県茅ヶ崎市」(@Chigas
aki_city) Tweet

Check　　　　　　放置＆化石アカウントは廃止すべし

放置されたまま更新もされない化石のようなアカウントもときどき目にします。
住民から適当な運用をしていると思われかねませんし不信感にも繋がります。「1
年でフォロワーが100以上増えない場合は廃止」などとルールを決めておくこと
をおすすめします。

共感で口コミを広げる！

SNSでシェアされる 3つのポイント

情報が広がっていくためには「共感」されることが非常に重要です。本項ではシェアされる投稿に共通する３つの法則を解説します。SNSを見ている層のニーズとメリットを考えながら、３つの法則に基づいて文章や画像・写真を考えてみましょう。

◎ SNSでシェアされる３つの法則

美味しいお店を見つけたり、仕事にすぐに使えるショートカットキーやExcelの関数を覚えたりすると、誰かに教えたくなりませんか？　実はSNSでシェアされるものは次の３つに代表されます。

- ◎ **役に立つ知識・情報**(例：ワクチン接種の会場と日時)
- ◎ **共感・ストーリーがある**(例：頑張りやプロセスの見える化)
- ◎ **社会貢献・社会支援**(例：環境保全・SDGs関係など)

＼ 役に立つ知識・情報 ／

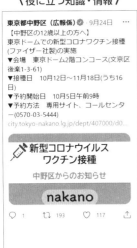

＼ 共感・ストーリー ／

＼ 社会貢献・社会支援 ／

出所：「東京都中野区（広報係）」（@tokyo_nakano）Tweet

出所：「【公式】岡山市消防局」（okayama_fire119）Instagram

出所：「神奈川県茅ヶ崎市」（@Chigasaki_city）Tweet

❤ SNSは口コミが大事

\うちのまちは魅力いっぱい!／
住みやすくていいまちです!

\うちのまちは魅力いっぱい!／
住みやすくていいまちです!

　SNSでは共感が最重要ポイントです。そのためには説得力のある配信を心がけます。例えば自治体が「うちのまちは住みやすい」と言うよりも住民が「うちのまちは住みやすい」と言ったほうが説得力があり、共感を生みます。

❤ 相手のメリットを考えよう!

　SNSを見る側の立場で投稿の内容を考えることが重要です。相手のメリットは何か、どう役に立てるのかなどが伝わる文面を心がけましょう。

✕ 自己主張が強くて馴れ馴れしすぎる投稿

佐久間市は自然が豊かで緑が多くて子育てが充実しています!駅から近くて大きな病院もあるのでとっても便利!こんな素敵な佐久間市に住みたいと思ったそこのアナタ!佐久間市に来ないと損しちゃいますよ!移住定住の説明会を開催するので絶対来てください!!

◯ 悩みの解決に役立つ投稿

「静かな環境で子育てをしたい」「駅から近いところに住みたい」「大きな病院があると安心するのに」と考えたことはありませんか。都会から近くて田舎のような雰囲気があるトカイナカ佐久間市の移住定住の説明会を開催しますので、ぜひご参加ください。

Check プレゼント企画でフォロワーを増やしても意味がない

「〇〇してくれた方の中から抽選で△△をプレゼント」などの企画は、その投稿だけシェア・いいねが増える、プレゼント目的のフォロワーが増えるだけで得策とは言えません。フォロワーが1万人いるのに、投稿へのいいねが10もないようなアカウントはこのケースが多いです。

06
基礎

≡ **反応の分析はどう行う？**

「インプレッション」と「エンゲージメント」

フォロワーが多い＝多くの人に情報が伝わっているというわけではありません。しっかり情報が見られているかを判断するためにはインプレッションとエンゲージメントが重要になります。なぜ反応が少ないのか分析することで質の高い自治体SNS運用につながります。

♥ インプレッションとは？

　見たか見ないかにかかわらず、タイムライン上に投稿が表示された回数を「インプレッション」と言います。インプレッション数が多ければ多いほど投稿が表示されたことになります。

　この数字を増やすためにはTwitterであればリツイートやコメントされること、Facebookであればシェアされることが必要です。**SNSの特徴として情報が拡散されることでインプレッション数がどんどん膨らんでいく仕組みがあり、KPIを数値化しやすいです。**

インプレッション数が多くても「いいね」が少ない？

　フォロワーが何万といるのに、投稿にいいねが10も満たない自治体のTwitterアカウントを目にしたことはないでしょうか。表示されても必ず見られているわけではないことを念頭に入れる必要があります。

フォロワーが多い＝インプレッション数が多い≠見られている

　インプレッション数＝情報を見ている人の数ではありません。見ている人の数を知るには、次で解説するエンゲージメントを用います。

エンゲージメントとは？

エンゲージメントとは表示された投稿に対して、いいねやシェアなどのリアクションがどれだけなされたかを数値にしたものです。エンゲージメント率はその動向の閲覧数に対する比率で、どれだけ反応があったのかを測定するのに適しているのでエンゲージメント率をKPIの指標にすることも考えられます。

Twitterのエンゲージメント率の求め方

出所：Twitter

エンゲージメント総数（いいね・リツイート・フォロワーなどの総数）÷インプレッション（ツイート閲覧総数）

Twitterはアナリティクス、Facebookはインサイトからエンゲージメント率を確認することができます。

インプレッション……表示された回数
エンゲージメント総数……緑の囲い内の総数

画像の場合のエンゲージメント率

27,789÷187,879=0.1479....
およそ15％なので目にした人の100人中15人程度が反応した計算になる。

Check エンゲージメント率の平均は5％

一般的にエンゲージメント率の平均は5％とされています。エンゲージメント率はフォロワーが増えれば増えるほど少なくなる傾向があります。率が少ない場合は、その原因を考えて改善につなげます。例えば文章が悪い、添付画像が悪いなど様々な原因があります。一方、率が高いときはその要因を押さえておけば、投稿の質の向上に役立てることができるわけです。

07

基礎

≡ 担当が異動しても安心！

チーム運用ルールの策定

SNSを熱心に更新していた職員が異動したあと、後任の職員が更新をしないまま何か月、何年と放置されている自治体SNSも少なくありません。その原因は運用ルールが曖昧なことにあります。しっかりルールを定めて、誰でも運用できる下地を作るようにしましょう。

❤ 運用ルールを決める

担当者を決めて1人だけの運用はしない

SNS担当を複数人決めて曜日ごとの当番制にすると負担が分散されるほか、1人が異動しても運用を続けることができます。

当番	月	火	水	木	金
佐久間	○		○		○
金澤		○		○	

投稿する時間帯のルールを決める

「毎日○時に投稿する」といったルールを決めます。また投稿は平日のみとし、土日・祝日及び年末年始休暇中は投稿しないなどの取り決めも行います。TwitterはPCから公開予約ができるので、それを前提でプランを立てることもできます。

Twitter運用ルール例

- 配信時間は昼前後の11〜14時に行う。土日・祝日及び年末年始休暇中は投稿しないが、公開予約での投稿は可とする。
- 1日1ツイート以上を目標とする。
- 原則「Twitter配信確認シート.xls」で課長決裁を受けた後に投稿する。急を有するものについてはその限りではない。また、課長不在の場合は事後決裁とする。

● 確認シートを作って情報共有と効果測定に使う

　課内で回覧できるような形の確認シートをExcelで作成することをおすすめします。LEN関数を使うことで文字数を把握できるなど便利です。

　また、KPIとして「いいね」「リツイート」「プロフィールクリック数」の見込み数を決めておきます。1週間後にその見込みとの差がなぜ起きたのかを分析すると傾向が見えます。右下画像の投稿は見込みよりも大きい反響がありました。原因は画像だけで内容がわかること、便利な知識なので共感されやすかったことと分析できます。このKPI設定と分析は、やることを目的化しない効果的運用のために必須です。

このTwitter配信確認シートは学陽書房HPの本書掲載ページからDLできます。

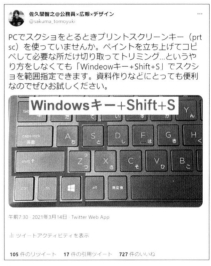

出所：Twitter

Check　　**SNS担当は属人化しやすい＆管理しすぎると面白くない**

せっかく反響のある投稿をしてSNSを活用できていても、担当者が異動して質が下がれば住民をがっかりさせてしまいます。また、管理しすぎると自由がなくなり、面白味のないアカウントになってしまう恐れがあります。どこまでOKか課内で検討した上で、ルールを定めてある程度の線引きをし、ルールの範囲内で自由に運営させるのがよいでしょう。

08
基礎

≡ 炎上はなぜ起こる？

炎上する流れと炎上したケース

悪意がない投稿でも見た人が不快に感じてしまうことはあります。その共感者が増えると、どんどん情報が拡散されていわゆる「炎上」が発生するわけです。自治体や公務員個人がSNSで炎上するケースは過去にいくつもありました。炎上について考えてみましょう。

❤ 炎上する流れを理解する

炎上の基本的な流れは、何気ない投稿が拡散され、話題となって投稿にネガティブな意見や批判が集中するというものです。テレビやネットニュースなどのメディアに取り上げられると話題が再燃し、再び情報が拡散されていきます。

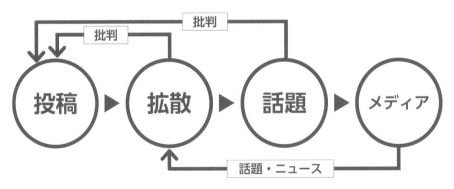

❤ 思い込みが炎上を招く

情報が拡散されてポジティブな話題になることはもちろん問題ありませんが、炎上は沈静化するのに時間がかかります。当たり前のことのようですが、「投稿」する段階で内容や画像に問題がないかを内部でしっかりチェックすることがポイントです。「たぶん大丈夫だろう」などの思い込みや油断が一番危険です。「ひょっとしたら、この画像を見たら不快に思う人がいるかもしれない」など、「かもしれない」投稿を心がけましょう。

● 炎上したケース①　個人のつぶやきで情報漏洩

　とある自治体職員がお昼休みに自席で写真を撮影し投稿したところ、机の上に置いてあった固定資産税の積算に関する資料が社名や資産取得価格の一部が判別できる形で写り込んでしまっていました。

→**匿名のメールで発覚。この自治体は謝罪をし「再発防止に努める」とした。**

● 炎上したケース②　個人のスマホで誤爆

　とある自治体の公式Twitterアカウントで、自治体情報とは全く関係のないゲームアプリのシェアツイートがされました。自治体側は乗っ取られたとする見解を出しましたが、ゲーム開発者などから「そんなことはあり得ない」という声があがり、その自治体の議員も動きました。

　結局、ある職員が個人のスマホで公式アカウントにログインしていたところ、職員の家族がこのスマホでゲームアプリをダウンロードし、シェアツイートするとボーナスがもらえるキャンペーンに参加するため、公式アカウントに自治体のログインした状態でゲームの宣伝のツイートを流してしまったことが原因と判明しました。

→**この自治体は「災害など緊急時のために個人のスマホからの発信も許可していたが、専用端末を貸与するなど対策を検討したい」とした。**

Check　スマホやタブレットが支給されない問題

　多くの自治体で未だにSNSの情報発信を職員個人のスマホやPCで行っていますが、上の例のように個人のスマホを使用することはリスクが伴います。もしどうしても個人のスマホで公式アカウントにログインしなければならないときは、運用する部署で誰がアカウントIDとパスワードを知っているかを管理する、新年度になったらパスワードを変更するなどの対応をしっかり行いましょう。

≡ **予防＆対応ルールを徹底しよう**

自治体SNS炎上
チェックポイント

SNS発信した情報が、意図していない解釈や捉え方をされ批判や否定をされてしまったり、批判が広まって「炎上」してしまったりする可能性はゼロではありません。炎上しやすいケースを把握し未然に防ぐこと、炎上したときのクライシスマネジメントの方法を理解しておくことが重要です。

◉ 炎上を防ぐ４つの心得

情報漏洩や個人情報保護はもちろん、賛否両論を招く内容の投稿にも議論が活発化し情報が良くも悪くも拡散されがちなので注意が必要で、事前によくよく検討すべきです。

自治体が運営するSNSでは次の点に注意しながら情報発信を行います。

◉ **人権に配慮する（ハラスメント、ジェンダー、人種差別、多様性）**
◉ **情報漏洩、個人情報保護に気を付ける**
◉ **投稿で批判や意見をしない**
◉ **不用意なリツイートやシェアをしない**

◉ 炎上につながる５Sを避ける

次の５つの「S」も炎上にもつながりやすいデリケートな話題であるため議論が生じる可能性が高くなります。

◉ **政治** ◉ **宗教** ◉ **差別** ◉ **戦争** ◉ **セクシャル**

避けるべきとまでは言いませんが、スポーツの話題にも気をつける必要があります。例えば神戸市の公式アカウントが浦和レッズを応援したら違和感がありますし、都内の窓口対応で「昨日は巨人が勝ちましたね」と言ったら相手の住民が阪神ファンだったなんてことも起こり得ます。SNS運用のポイントは自分が伝えたいことを発信するのではなく「相手が知りたい情報」を考えることで、この考え方は炎上を防ぐうえでも有効です。

炎上や誤爆を防ぐ配信前の４つのチェックポイント

　投稿の公開前に次の４つの点を他の人の目を借りてチェックし、炎上や誤爆を防ぎます。なお、配信後は面倒でもいちいちログアウトしましょう。

- ⊘ **世の中の情勢と反していないか**
- ⊘ **客観的に解釈して適切な文言・内容か**
- ⊘ **個人情報・機密情報が写っていないか**
- ⊘ **タイミングは適切か（災害時に要注意）**

炎上したら「迅速」「誠実」「透明」の３本柱で対応

　炎上してしまったら、「迅速」「誠実」「透明」の３本柱で対応します。「まだ事実がわからないから」と対応を先延ばしにすると「何かやましいことがあるに違いない」と火に油を注いでしまいます。せめて「お騒がせして大変申し訳ございません」などの発信は早急にしておきましょう。

- ⊘ **迅速……火種を素早く感知して的確に判断する**
- ⊘ **誠実……指摘・批判を真摯に受け止める**
- ⊘ **透明……隠蔽しない**

炎上時の報告フローを定めておく

　炎上に右往左往していては、住民やメディアに与える心象が悪くなる一方です。平時に炎上対応のガイドラインを用意し、炎上時の報告フローや、炎上が発生したときの責任の所在を明示しておきましょう。

① 炎上の発見・把握
② 対応部署の担当と責任者に報告・責任者と調整し対応の協議
　　（以降は問題あり、対応必須と判断された場合）
③ 第一報の発信（お詫び・謝罪文など）
④ 第二報の発信（今後の対応方針）
⑤ 炎上の状況を追う
⑥ 沈静化後、経緯・改善策などの開示

≡ **陥りやすいルール違反**

使用画像の「著作権」と「肖像権」に要注意

FacebookやTwitterの公務員の個人アカウントで新聞記事を撮影したものを公開していることがありますが、実は新聞社に許諾を得ていないと著作権法に触れます。ひょっとしたら信用失墜行為になったり炎上につながったりするかもしれないので注意しましょう。

◉ 新聞の記事を撮影して投稿してもよい？

　新聞記事には著作権があり、利用するには原則として新聞社の許諾が必要です。例えば、新聞記事を利用したい場合の注意点をまとめると、以下の通りです。

◉ **私的利用（個人的なファイルにまとめたり、自身しか見られないPCのフォルダに保存したりすること）であれば新聞記事の画像の複製もOK**

◉ **「新聞記事の画像」や「新聞記事内の写真」をSNS上で公開するなどし、他人に共有するのは新聞社の許諾を得なければNG**

◉ **記者独自の表現をしているニュース記事を自分の言葉のように勝手に引用するのはNG（事実や時事の報道内容の引用は、著作権法10条2項の規定「事実の伝達にすぎない雑報及び時事の報道」は「著作物に該当しない」に基づきOK）**

　新聞記事の画像を、写真に撮るなどしてSNS上に無断で公開することは、原則、著作権法に引っかかる行為だと認識しておきましょう。また、多くの新聞社が、ホームページのQ＆Aやよくある質問などで引用や利用について説明をしているので、利用の際は必ずチェックするようにしてください。

　新聞記事以外も同様です。「フリー画像」で検索して出てきた画像も、イラストが掲載されているのは信用できるサイトか、サイトの利用規約はどうなっているか、条件はあるかなど、細かく確認しましょう。「このサイトのこの規約に則って使用した」とすぐに説明できるようにしておくと、万が一何かあったときにも安心です。

　著作権や肖像権は、SNSを使う以上、特に気をつけなければならないルールです。せっかく素晴らしい広報や情報提供をしても、著作権や肖像権について不勉強だったために、残念な結果に終わってしまう自治体の例もたくさんあります。そんな思いをしないよう、ルールの確認はその都度怠らずにしていきましょう。

❤ 著作権とは?

　著作権は、**作品を創造した人が有する権利**です。**フリー素材でも著作権者の定めた利用条件に違反して利用すると「著作権侵害」に該当する可能性**があります。

❤ 肖像権とは?

　肖像権とは、人物が無断で撮影されたり公開されたりしないように保護される権利です。あくまで人物のみへの適用で、写り込んだ「もの」については認められていません。写っている人が特定できるかが重要なポイントです。

❤ プライバシー権とは?

　プライバシー権は、人物が無断で撮影されたり公開されたりしないように主張できる権利です。では渋谷のスクランブル交差点を定点カメラで撮影していた場合はどうなるでしょうか。この場合「個人が特定できるか」がポイントとなるので豆粒程度の大きさで誰だかわからなければ問題ありませんが、顔や服装から個人が特定できたとしたらプライバシー権に抵触します。本人の承諾を得られていない場合は編集時にぼかしを入れるなどの対応が必要になるということです。

❤ パブリシティ権とは?

　芸能人など著名人の肖像や名前は、例えば商品PRのポスターに著名人を登用して売上が上がるなど大きな経済的影響力を持つため、著名人は自己の肖像や名前による経済的利益を独専する権利(パブリシティ権)を持ちます。もしも著名人が登場する動画を作成する場合にはパブリシティ権の問題がないか事務所等に確認します。勝手に使用すると訴えられる可能性もあるので注意しましょう。

Check　　　イベント時の写真を使用するとき

多数の人がいるイベントなどの写真を撮って使用したい場合、1人ひとり声をかけるのは現実的でないため、自治体主催のイベントなどの場合は「腕章をつけた職員がSNSで使用する写真を撮影しています。問題がある方は声をかけてください」とアナウンスする、パンフレットに注意文を掲載するなど工夫しましょう。

11
基礎

≡ 共感・物語・検索・共有・拡散

5つの「S」を意識して SNSを活用する

情報の届け方、発信方法は時代とともに日々変化しています。筆者は、これからの質の高いSNS活用に「共感」と「物語」は外せないと考えています。ここではインターネット時代の情報拡散のプロセスのSを合わせた「5つのS」を質の高いSNS活用のキーワードとして提唱します。

● 2つの情報拡散プロセス「AISAS」と「SIPS」

∴ インターネット時代の情報拡散のプロセス「AISAS」

インターネットが登場し、情報が広がる流れは大きく変わりました。特に誰もが検索 (Search) できるようになり、情報が正しいものか、他人がどう感じているのかなどを知ることができるようになりました。さらに以前は口コミで広がっていた情報がレビューとして共有 (Share) されるようになりました。

∴ ソーシャルメディア時代の情報拡散のプロセス「SIPS」

そしてソーシャルメディア時代の到来によって情報の裏側やプロセスへの関心が高まるようになりました。それが共感 (Sympathize) を生み出し、情報の正確性などを確認し、フォローやいいねで参加し、情報を共有・拡散 (Share&Spread) していく流れになりました。

❤ ポストコロナのSNSは「5つのS」がキーワード

新型コロナウイルス感染症により社会や価値観が劇的に変化しました。例えば「食」。コロナ禍により生産者や飲食店が苦境に立たされていることを知り、多くの人が「これを食べることで生産者や飲食店の力になりたい」などと感じ、飲食に関する行動に応援の気持ちが伴うようになりました。

コロナ禍以前	コロナ禍以降
産地を気にせず買う	できるだけ地元や困っている地域の農産物を買おう
花屋さんで花を買う	花屋さんで花を買えば売り上げに貢献できて廃棄が減るかもしれない
ちょっと遠方に出向いておしゃれなお店で外食しよう	どうせ外食するなら応援したいお店で食べよう少しでも売り上げに貢献しお金を落としたい

スーパーで「○○さんが心を込めて作ったキャベツです」などのポップを目にすることがあると思います。するとまったく知らない農家さんでも親近感や安心感がわき「これを買ってこの農家さんの売り上げに貢献したい」という気持ちになりませんか？ だから、スーパーではこのような仕掛けを行っているわけです。

共感と物語を見える化する

コロナ禍における行動変容、スーパーの「生産者の顔の見える化」の取組みに共通するポイントは「共感 (Sympathize)」と「物語 (Story)」の見える化です。例えば農林水産省のBUZZ MAFFがYouTubeで、コロナで売り上げが激減した花農家を応援する動画をアップしたところバズった例があります。これは「一生懸命育てたお花が廃棄されてしまうかもしれず、花農家や花屋が大変だ。少しでも力になりたい」という共感と物語が受け手に刺さったからにほかなりません。

この「Story」のSとAISASとSIPSの4つのSを合わせた「5つのS」を意識しながらSNSを活用しましょう。

SNS活用の5つのS
- ✅ 共感(Sympathize)……「そうそう！」「わかるわかる！」
- ✅ 物語(Story)……「プロセスが見える」「感動する」
- ✅ 検索(Search)……「事実かどうか」「もっと深く知りたい」
- ✅ 共有(Share)……「この感動を共有したい！」
- ✅ 拡散(Spread)……「ほかの人にもっと知ってもらいたい」

ネタ切れを起こす前に！

SNSの「トレンド」に乗っかるコツ

SNSで毎日発信していると、ネタ切れが起こってしまうことがあります。そんなときに便利なツールがいくつかあります。おすすめはYahoo! JAPANのマーケティングソリューションの最新マーケティング情報、PR TIMESのプレスリリースキーワードランキング、そして検索エンジンサイトの予想検索です。ぜひ活用してみましょう。

● Yahoo!JAPANのツールから旬のネタ探し

Yahoo! JAPANマーケティングソリューションの最新マーケティング情報では、検索される可能性が高いキーワードなどを調べられ、旬な話題がわかるので便利です。

出所：https://marketing.yahoo.co.jp/blog/post/2021101230187695.html

Check　Instagramは季節感を大事にする

写真がメインのInstagramに思わず行きたくなる風景写真をアップしたいと考えたとき、旬で季節感のある写真をアップするようにします。極端に言えば、夏場に冬の枯れた木々を公開しても意味がありません。春は桜、初夏は蛍、夏はひまわり、秋は紅葉、冬は雪景色など四季の魅力を逃さないようにしましょう。

⊙ PR TIMESのプレスリリース キーワードランキング

https://prtimes.jp/topics/keywords/ranking/202●-●●

※●の部分には西暦と調べたい月の数字を入れる（例：2021-05）

PR TIMESのサイトでプレスリリースのキーワードランキングが公開されています。プレスリリースのトレンドがわかるほか、これらのキーワードを投稿に入れたりハッシュタグにしたりするなどの工夫をすればリーチが広がります。

⊙ 検索エンジンの「予想検索」からトレンドを知る

出所：https://www.yahoo.co.jp

出所：https://www.google.com

検索エンジンに自治体名を入力すると予想検索が表示されます。ユーザーがよく検索している自治体に関連する言葉が何かがわかるので便利です。

1 : やめたいときは「宣言」する

自治体でよくあるのが「とりあえずSNSを始めてみた」ケースです。目的が曖昧なので長続きせずに放置してしまい、最終更新が1年前のアカウントも散見されます。「SNSをやっている」という免罪符とアリバイづくりのために始めても、むしろ「なぜSNSをもっと有効活用しないんだ」と一般質問で突っ込まれることになりかねません。しかし、始めるのは簡単でもやめるのは難しいのです。

● 指標を立てて達成できなければきっぱりやめる

　私のおすすめは「1年経ってフォロワーが100人に満たなかったらやめる」など、具体的・数値的な指標を立てて宣言することです。

　SNSを活用する目的は情報を多くの住民に届けること、つまり、フォロワーを増やすことやエンゲージメントを高めることにあります。その効果が見られないのに、改善の工夫もなく続けることは「やることが目的」になってしまっているということです。

　中途半端にやるくらいならやめて、ほかのことにリソースを割くほうが良いです。その見極めのために指標を決めます。

　この指標をSNS上で宣言すれば「達成できなかったからやめたんだな」と理解してもらえますし、もしかしたら「やめないでほしい」とフォロワーが増えるかもしれません。

　このように指標を立てて、それをSNS上で宣言することは、「やめる」のをスムーズにしたり目的意識を生んだりするだけでなく、「共感」に繋がるためプロモーションにも活用することができ、たいへん有益です。ぜひ、試してみてください。

Chapter

2

全SNS共通!
SNS文章＆画像の
作成ポイント

≡ **伝わる文章の書き方①**

読み手の気持ちを考える

SNSで共感される文章とされない文章の差はなんでしょうか。それはズバリ「読み手の気持ちを考えているかどうか」です。自治体が伝えたい情報ばかりではなく、住民が知りたい情報は何かを考えながら文章を組み立てていく必要があるのです。

✓ 文章と会話の違いを知り読み手の気持ちになる

　文章は会話と異なり、意図しない解釈をされても訂正や反論ができず誤解が一人歩きしてしまう可能性があります。特にSNSは一度公開した情報は削除してもずっと残ることになると考えるべきです。誤解を招く文章の多くは自分本位で、自分が「伝えたい」文章になってしまっています。受け止める側の気持ちになって文章を作ることが重要なポイントです。

読み手の気持ちになるために押さえておきたいポイント
- 読み手は誰か　● 読み手のニーズは何か　● 読み手にどんな反応を期待するか
- 読み手の理解度のレベル

客観的……起案・報告書・企画書
主観的……SNS・メール・手紙
文章を読むのは誰か、何に書くのかによって目的や内容は異なります。SNSは主観的な内容が多く、内容にどれだけ「共感」されるかがポイントになります。

Check　　　フランクな言葉を使うときは「影武者」を使う

10代と20代、30〜60代では言葉の受け止め方が異なります。例えば「めちゃくちゃおしゃれなカフェが市内にあります」とツイートした場合、若い人は気にならなくても年配の人は「役所なのになんて言葉遣いをしているんだ」と不快に思うかもしれません。フランクな言葉を使うときは、まちのキャラクターが話している風にするなど影武者を使うことをおすすめします。

◎ 情報を紹介する投稿

北本市 @kitamotocity

誕生10周年の北本トマトカレーが山崎製パンと共同開発し、4種のカレーパンを発売！記念イベントを実施します！
◆日時 6月1日（火）10:00〜17:00
◆場所 北本駅西口駅前多目的広場
・「ベイクドトマトカレーパン」、「カレーナン」等を販売
・購入するとステッカープレゼント
city.kitamoto.lg.jp/soshiki/shimin...

午後4:17・2021年5月31日 Twitter Web App

25 件のリツイート　2 件の引用ツイート　49 件のいいね

出所：「北本市」（@kitamotocity）Tweet

：読み手の気持ちになる

読み手：食に興味のある人
ニーズ：旬な話題を得られる
反応・期待：足を運んで購入
読者：なんとなく見ている層

　添付画像でパッと読み手の関心をひきつけ、概要を文章で補完しています。「◆」「・」を使用して文章を読まずに流し見できるような工夫もし、シンプルな印象にしています。

◎ キャラクターを使ったフランクな投稿

ナカノさん @nakano_san_desu

ナカノさん、今日で中野に来て2周年になります。
ハッピーバースデーってことでケーキでお祝い♥✨
3年目のナカノさんもよろしくお願いします。
ちなみに2周年のナカノさんは、10周年の中野マルイさんに行ってきたよ。
その様子はまたねん。
#HARA8 #中野マルイ #誕生日 #2周年

午前11:32・2021年2月1日 Twitter Web App

25 件のリツイート　130 件のいいね

出所：中野区、中野大好きナカノさんプロジェクト
「ナカノさん」（@nakano_san_desu）Tweet

：読み手の気持ちになる

読み手：区民・地域に関わる人
ニーズ：地域情報を求めている人
反応・期待：共感してほしい
レベル：ちょっと区に関心のある人

　写真で大きく関心をひきつけてから、SNSでエンゲージメントがあがる「誕生日」をキーワードにしています。自治体らしくない言葉遣いもナカノさんというキャラクターを通じることで可能になります。

≡ **伝わる文章の書き方②**

五感を使って文章を作る

SNSで観光情報や食べ物などを紹介する文章の作り方として、五感を用いて書く方法がおすすめです。食レポだけでなくイベントなどを紹介するときも取材先で五感を意識し、SNSで発信するときは五感で感じたことを思い出して文章を書くとグッと訴求力の高い内容になります。

❤ 食レポやイベントレポートで使えるテクニック

SNSで地域のおいしい料理やスイーツなどを提供しているお店を紹介する企画があったとき、おそらくその食べ物のレポートを書く必要が出てくるはずです。いわゆる食レポですが、いきなり書き始めるとまとまりのないものになりがちです。自然とそれなりの文章を書くコツは五感を書き出していくことです。

：事例：アップルパイの食レポに挑戦！

地域においしい紅茶とアップルパイで評判のお店があります。そこで、お店に足を運んでアップルパイを食べに行きたくなるように『アップルパイのおいしさを文章』にしてSNSに投稿してみましょう。

Check イベントも五感を意識して取材する

SNSだけではなくイベントを取材をするときにも「五感」のアンテナを立てます。例えば、「いも掘りまつり」が行われたとします。そのとき、広がる大地（視覚）、「とったぞ！」という歓声（聴覚）、土の香り（嗅覚）、蜂蜜のような甘味（味覚）、さらさらした土（触覚）などを感じながら取材をし、これらの感覚を覚えておくと臨場感のある文章を書くことができます。

🞂 五感で書き出していく

「とってもおいしいアップルパイ」を食べている自分を想像しながら下の「視覚・聴覚・嗅覚・味覚・触覚」の欄に感じたことを書いていきましょう。

視覚（ 　　　　　　　　　　　　　　　　　　　　　　　　　　 ）
聴覚（ 　　　　　　　　　　　　　　　　　　　　　　　　　　 ）
嗅覚（ 　　　　　　　　　　　　　　　　　　　　　　　　　　 ）
味覚（ 　　　　　　　　　　　　　　　　　　　　　　　　　　 ）
触覚（ 　　　　　　　　　　　　　　　　　　　　　　　　　　 ）

🞂 解答例

視覚（ 　こんがりと焼かれた黄金色に輝く表面 　　　　　　　 ）
聴覚（ 　パリパリと音を立てる 　　　　　　　　　　　　　　 ）
嗅覚（ 　ほんのりと甘いシロップの香り 　　　　　　　　　　 ）
味覚（ 　リンゴの酸味と甘さ、パイ生地のバターの香りが口の中で広がる ）
触覚（ 　外はパリッと中はもっちもち 　　　　　　　　　　　 ）

これらを文章としてまとめると

こんがりと焼かれた黄金色に輝くパイ生地、ほんのりと甘いシロップの香り。口に運ぶとパリッ！中はもっちもち。リンゴの酸味と甘さ、パイ生地のバターの香りが口の中に広がるアップルパイ。

41

≡ **伝わる文章の書き方③**

「大→小」「逆三角形型」の流れで文章を作る

SNSでわかりやすく伝わる文章を作るためには、順序と型を覚えておくと便利です。何気なく思ったことを書いていくのではなく、全体を見て大から小を意識する、結論から書き始める（逆三角形型）などのルールがあるのでぜひ活用してみてください。

● 「大→小」の順番を意識して書く

　頭にあまり入ってこない文章の原因には情報がバラバラだったり、順序がメチャクチャなことがあります。理路整然とした文章を書くポイントは「大から小の順序」で書くことです。住所を書くときの順番もそうですよね。

例

・徳丸〇丁目東京都板橋区

・藤久保〇〇〇番地三芳町埼玉県

・本市ではワクチン接種率が増加している。〇〇県は他の都道府県と比べても高い水準である。日本全体では接種率は〇〇％で推移している。

→順序がメチャクチャで頭に入らない

・東京都板橋区徳丸〇丁目

・埼玉県三芳町藤久保〇〇〇番地

・日本全体で接種率は〇〇％で推移している。〇〇県の接種率は他の都道府県と比べて高い水準であり、本市でも接種率が増加している。

→流れがあってわかりやすい

❤「結論→説明」の逆三角形型で組み立てる

　SNSの文章を書くときに便利な型が「逆三角形型」です。これは最初に結論を書き、次にその説明をして、必要があれば補足を書くという流れです。

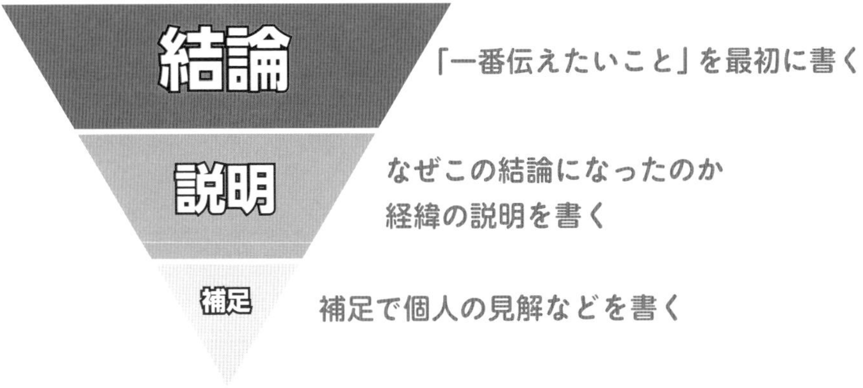

結論　「一番伝えたいこと」を最初に書く

説明　なぜこの結論になったのか
　　　　経緯の説明を書く

補足　補足で個人の見解などを書く

\ 優先順位の高い情報から書く /

✕ 説明→結論

介護保険制度は、社会全体で支え合うことを目的とした制度ですが、少子高齢化により支え合うことが難しくなってきています。今年度から介護保険料が変更されますのでご理解ください。

〇 結論→説明

今年度から介護保険料が変更されます。利用者の増加等により、介護保険料の見直しをせざるを得なくなりました。皆様のご理解のほど、何卒よろしくお願いいたします。

≡ 伝わる文章の書き方④

ひらがなと漢字の比率が「7：3」になるように調整する

Twitterでは140文字など、SNSの投稿には文字数の制約があります。また、文字が主体のSNSをとっつきやすい印象にするためには、ひらがなと漢字の比率を7：3程度の割合にするのがおすすめです。このバランスを意識しながら文章を書いていきましょう。

❤ ひらがな（漢字以外）＞漢字の場合①

＼ 全体の文字数：117 / 漢字数：26 / 漢字率：22.22％ ／

神奈川県茅ヶ崎市 ✔
@Chigasaki_city   ･･･

【お知らせ】初めてでも簡単！「みどりのカーテン」の育て方を紹介しています。「みどりのカーテン」は、省エネになる、涼しく感じる、果実が取れる、一石三鳥の地球にやさしい取組です。この夏はエコで涼しい夏を！
詳しくは「ちがさきエコネット」へ。chigasaki-econet.jp/hp/

出所：「神奈川県茅ヶ崎市」（@Chigasaki_city）Tweet

　この投稿はひらがなと漢字の比率がおよそ「7：3」です。ひらがなが漢字よりも多いと柔らかい印象になります。

Check　　　漢字使用率を確認するサイトを有効利用する

文字数を確認するだけでなく、漢字使用率を確認するサイトもいくつかあります。筆者は「漢字使用率チェッカー」（https://akind.dee.cc/kanjiritsuchk-input.html）を利用して確認しています。必ずしも毎回確認する必要はありませんが、ちょっと堅苦しい文章になっているかもしれないと思ったら、漢字の使用率をチェックしてみましょう。

ひらがな（漢字以外）＞漢字の場合②

＼全体の文字数：125 ／ 漢字数：21 ／ 漢字率：16.8％ ／　　**＼全体の文字数：242 ／ 漢字数：60 ／ 漢字率：24.79％ ／**

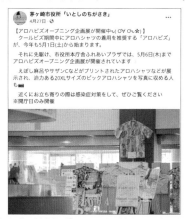

出所：中野区、中野大好きナカノさんプロジェクト「ナカノさん」（@nakano_san_desu）Tweet

出所：茅ヶ崎市役所「いとしのちがさき」Facebook

　上記２つの投稿のひらがなと漢字の比率はおよそ「8：2」「7：3」です。ひらがなが多いので柔らかい印象で、親しみのある文章に見えます。

ひらがな＜漢字の場合

＼全体の文字数：127 ／ 漢字数：66 ／ 漢字率：51.18％ ／

【低所得の子育て世帯に対する生活支援特別給付金
（ひとり親世帯分）の支給】
感染症の影響が長期化する中、低所得のひとり親子育て世帯に対する生活支援として、児童1人あたり5万円を支給します。対象となる方や申請の要不要などは、中野区ホームページでご確認ください。city.tokyo-nakano.lg.jp/dept/242900/d0...

出所：「東京都中野区（広報係）」（@tokyo_nakano）Tweet

　この投稿のひらがなと漢字の比率は「5：5」です。大切な情報の場合はあえて漢字を多くして固い印象にするといった応用も可能です。

≡ **伝わる文章の書き方⑤**

文字が多いと感じたら 文字ダイエット

SNSではだらだら長い文章だと関心をひきつけることができません。文字数のスリム化、つまり「文字ダイエット」を心がけて1文字でも減らす工夫をすることが必要です。自治体の文章はわざと曖昧にするせいで文字数が増えるケースがあるので改善していきましょう。

● 削れる・略せる言葉

削っても支障のない言葉を削ったり、短い言葉に置き換えたりすることで文字ダイエットができます。下記一覧を参考にしてみましょう。

削れる接続詞	そして・しかし・だから・および・かつ・または
削れる主語	私は・あなたが
削れる指示語	その・それは・これは・あれは・そのため
削れる形容詞	美しい・楽しい・うれしい
削れる副詞	とても・非常に・すごく・かなり・たいへん
そのほか削れる言葉	について・つきまして・において・に関すること・に対して・にあたり・その中・される
重複する言葉を削る	まず初めに→初めに　一番最初→最初
略せる言葉	希望される方→希望者 来庁される方→来庁者
略せる謙譲語	させていただく→する

Check　　　　**記号に置き換えて文字数を減らす**

日時などは「〜」や「:」などの記号に置き換えると文字数を減らすことができます。

開庁時間　8時30分から17時15分まで　土曜日・日曜日・祝日は除く

↓

開庁時間　8:30〜17:15 / 土・日・祝日除く

◉ 接続詞を取ってみる

　接続詞は、論理的な文章では省かないほうがよいですが、事実を単純に伝えるときは省いてもかまわないものと覚えておきましょう。

┊ 接続語がある場合

インターネット利用者が増えています。なぜなら、スマホの普及が加速しているからです。たとえば、この〇年間で60代の所有率は〇％と急上昇しています。そして、自治体は迅速に対応していかなければなりません。

┊ 接続語がない場合

インターネット利用者が増えています。スマホの普及が加速しているからです。この〇年間で60代の所有率は〇％と急上昇しています。自治体は迅速に対応していかなければなりません。

◉ 「という」「すること」を取ってみる

SNSというものは重要なツールだ。　→　SNSは重要なツールだ。

ミスを防ぐために会議をすることが必要だ。　→　ミスを防ぐために会議が必要だ。

　なお、言い換え、伝聞、引用、強調などの「という」は省けません。

◉ カタカナ言葉は使わない

　カタカナ言葉は文字数が多くなるだけでなく、読み手をイライラさせてしまうかもしれないので、できる限り日本語で書くようにしましょう。

不快に思う「カタカナ語」
1位：「アグリー」　　　　＝賛成
2位：「アジェンダ」　　　＝議題
3位：「コミット」　　　　＝委託、約束など
4位：「イニシアティブ」＝主導権
5位：「エビデンス」　　　＝証拠・根拠

なぜ不快に思うか？
1位：意味がわかりづらいから（55.2％）
2位：日本語の方が伝わりやすいから（45.1％）
3位：自分をかっこよく見せようとしているのを感じるから（32.3％）

出所：立教大学とネオマーケティングが共同で行った「カタカナ語に関する調査（2016）」

Chapter 2

06
文章と画像

≡ 伝わる文章の書き方⑥

文頭で興味をひく「問いかけ」

SNSを見ている人の関心をひきつけるためには、文頭を見ただけで「自分にとって有益な情報だ」と思ってもらったり、「知らない情報を得られそうだ」と興味を持ってもらう工夫が必要です。そのための2つのテクニックをご紹介します。

◉「〜のあなたへ」と呼びかける

東京都中野区（広報係）✓
@tokyo_nakano

【妊娠や不妊でお悩みの方へ】
中野区は、妊娠を望む方や不妊に悩む方をサポートします。ご相談ください。
▼サポートメニュー
▽妊娠を望む方への保健指導相談券
▽不妊専門相談
▽ほっとピアおしゃべり会
▽中野区不妊検査(一般不妊治療)等助成
▽中野区特定不妊治療費助成
city.tokyo-nakano.lg.jp/dept/242900/d0...

出所：「東京都中野区（広報係）」（@tokyo_nakano）Tweet

文頭に【】や＼／などの記号をつけて「〜のあなたへ」という形で呼びかけると、まるで、自分に対して言われているような印象を与えることができます。例えば、【SNS活用に興味のある公務員の皆さんへ】で始まる投稿があったら、今本書を手に取っている皆さんは興味を示すはずです。

ほかにもこんな使い方があります

- ◉ 新型コロナで売り上げが減少した事業者の皆さんへ
- ◉ 〇〇市民で65歳以上のご家族がいる皆さんへ
- ◉ ワクチン会場をお探しの方へ
- ◉ 〇〇を学びたいと思っているあなたへ
- ◉ 〇〇でお困りの方へ／〇〇でお悩みの方へ
- ◉ 車でお越しの方へ／電車でお越しの方へ

❤「ご存じですか」と問いかける

　例えば、「SNSの上手な使い方」というタイトルよりも「ご存じですか。SNSの上手な使い方」の方が興味を引きやすいです。これは「自分が知らないことを学べるかもしれない」という心理的な誘導をしているからです。「ご存じですか」と問いかけで文章を書き出す方法をぜひ実践してみてください。

 佐久間 智之
2020年12月12日 · ◎

　　　　　　　　　　　　　　　　　　　　　　　　　　　・・・

皆さん「自然な彩度」と「彩度」の違いをご存じですか。

今回は広報研修の時に「写真はどのように補正しているんですか」というご質問をいただくので動画で解説しました！例えば「自然な彩度」と「彩度」の違い。意外と知らない人が多くて「彩度上げれば鮮やかになる」ことはわかっていても「自然な」が付く意味ってなんだろうとかも解説しています。

細かなことまで知っていると設定値の意味が分かるかなって思います。

この写真のように真っ黒で一見「失敗した！」と思った写真でもレタッチ処理（写真補正）をしてあげると見違えるような仕上がりになります。

Lightroomを使っていますが設定値はiphoneの写真編集と変わらないので参考になるかなと思います！皆さんのお役に立てたら幸いです！

https://youtu.be/VxmnRzugh-M

出所：Facebook

ほかにもこんな使い方があります
- ❤ クレジット決済で納税ができること、ご存じでしたか？
- ❤ コンビニで住民票発行できることをご存じですか？
- ❤ まだスペースで文字を揃えていませんか？
- ❤ 自慢の品を全国にPRしませんか。

Check　　「〜しよう！」「〜しましょう！」は押しつけになる

文頭を「〜しよう！」「〜しましょう！」としているケースがありますが、あまりおすすめしません。押し付けている印象や上から目線の印象を与えかねないからです。「〇〇講座に参加しよう！」は「〇〇講座に参加しませんか」と言い換えると柔らかくなります。

注目させる2つのテクニック

投稿を注目させるにはビジュアルが重要です。ニュースや注意を促す投稿は文章に加えインパクトのある画像を入れるなどの工夫をします。SNSの利用者は情報を欲しているので多くの情報（文字量）がある投稿に関心が向きやすく、文章を画像化して添付する方法も有効です。

◎ 危機感を促す！ 目をひく投稿は「事実＋画像」

注目させたい投稿があるときは、一目で何の関係の情報かがわかる画像1つと端的に事実を列挙した文章を入れます。また、URLを文末に入れ詳細を掲載した自庁のHPに誘導させることも効果的です。すべての情報をSNS上に掲載することにこだわらず、事実を知ってもらうきっかけと割り切ることも大事です。

出所：「神奈川県茅ヶ崎市」（@Chigasaki_city）Tweet

ワンメッセージでわかりやすい画像になっていることがポイント。パッと見て何の情報かわかるように余計な情報は省いている

出所：「北本市」（@kitamotocity）Tweet

● 文字量が多い情報は画像にする

　SNSを利用している人の多くは「有益な情報を簡単に得たい」と思っています。しかし、Twitterの場合は文字数が140字と決まっているのでそれ以上はテキストでは伝えられません。そこで、文字が多い情報はWordやPowerPointなどでまとめたのち画像化して添付します。すると、「多くの情報が得られる投稿」と認識されます。つまり、「あえて文字量を多くする」「画像化する」ことで、文字数の制限なく利用者のニーズに寄り添うことができます。

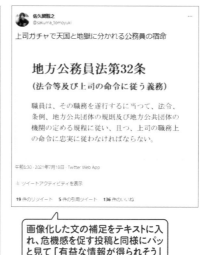

> 画像化した文の補足をテキストに入れ、危機感を促す投稿と同様にパッと見て「有益な情報が得られそう」と感じてもらえるようにしている

出所：Twitter

　画像に注目してもらうにはテキストはシンプルに

　テキストに画像の内容がわかる文章を書くとネタバレになり、画像をわざわざ見なくてもいいと思われてしまう可能性があります。具体的な文章ではなく含みを持たせた「抽象的」な文章にすることがポイントです。

✕ この添付画像には見出しをつくるポイントをまとめました。「ご存じですか」「〜の皆さんへ」「なぜ〜なのか」などが有効です。	⭕ 見出しをつくるポイントをまとめてみました。

☰ **伝わる写真の撮り方①**

3分割法で撮影する

写真を撮るときに構図を意識していますか？ 実は簡単にそれなりの写真を撮影できる方法があります。「3分割法」というもので、線を縦横に2本ずつ引きその枠内に被写体や主役となるものを配置するやり方です。スマホでも簡単に設定できるのでSNSですぐに活用できます。

● 3分割法で印象的な構図を撮る

　下図のように縦横2本ずつ線を引き、それぞれ3分割にした線上や交わる点に被写体を配置する方法を「3分割法」と呼びます。この方法で撮影すると、風景でも人物でも印象的な写真になります。

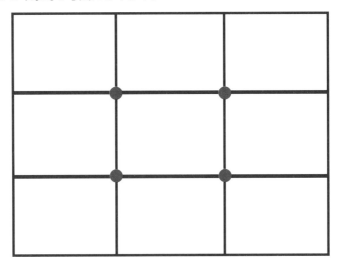

Check　　　　　**設定で格子線を表示させる**

スマホやカメラで撮影するときは、必ず格子線を表示する設定にしましょう。表示方法は各媒体で異なるのでネットなどで方法を確認して設定しておき、撮影に備えるようにします。

❤ 知っておきたい3つの3分割法のテクニック

交点に被写体が来るようにする

　3分割で交わる点に主役を配置します。人物の場合は交点に「目」を配置する構図が有効的です。

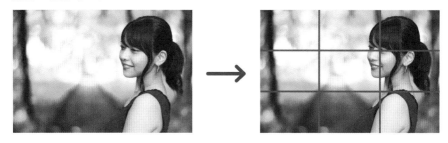

下部3分の1に主役、上部3分の2は空間の配置にする

　広がりを見せるときは下部3分の1は海や畑、地平線など主役となるものを配置し、上部3分の2は空などの空間を配置します。

左右のどちらか3分の1に主役を配置する

　右か左3分の1に主役を配置すると、残り3分の2に空間が生まれてゆとりのある写真が撮影できます。

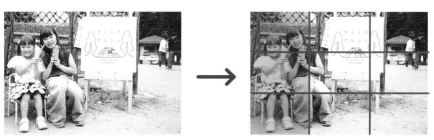

≡ **伝わる写真の撮り方②**

風景・人物を撮影する

風景や人物の写真を撮ってもイマイチなときはありませんか？ その原因は構図にあるかもしれません。ここでは３分割法のほかに押さえておきたい６つの構図をご紹介します。SNSで使用する写真のみでなく、広報紙面などでも活用できるのでぜひ覚えてみてください。

💬 ３分割法の他に覚えておきたい６つの構図

対角線

シンメトリー

放射線状

日の丸　三角形　曲線

　左の６つの構図で撮影すれば目をひく写真になるはずです。また、写真が上手になる近道は「とにかくシャッターをきること」です。失敗を恐れずにたくさん撮影しましょう。

対角線

　対角線に沿って被写体が入る構図にしたり、対角線上に被写体を置く構図のパターン。奥行きを出すときにも有効です。

シンメトリー

　メインの被写体をセンターに配置して左右対称になるような構図にします。また、３分割法を合わせるとグッと良い写真になります。

放射線状

　奥から放射線状に線を引くイメージで撮ると、奥行きと迫力が出ます。真正面でなく様々な角度で撮影しましょう。

日の丸

　中央にメインの被写体を配置します。アップの写真では主役がひき立つ構図に、引きで撮影すると広がりがある構図になります。

三角形

　構図の中に三角形の奥行きを入れると頂点に向かって視線を誘導できます。また、奥行きを出すこともできるので使い分けて撮影します。

曲線

　構図内に曲線を入れると、曲線に沿って視線が誘導されます。曲線の先にメインとなる被写体を置くなど工夫をしてみましょう。

≡ **伝わる写真の撮り方③**

物＆食べ物の「映えさせ」方

イマイチ写真撮影のコツがわからず、これでいいのかと不安になることも意外と多いと思います。ここでは物や食べものの写真を撮るときに使える、ちょっとしたテクニックをいくつかご紹介します。お金をかけなくてもちょっとした工夫で、誰でも簡単に印象的な写真を撮影することができます。

♥ 物撮りのポイント

光を当てる

　スマホのライトなどを活用して物に光を当てながら撮影します。（左）。対象を窓際に置いて自然光と逆光で撮影すると温かい印象になります（右）。

斜め45度で撮影

　食べ物は必ず斜め45度で撮影します。背景が白だと清潔感を演出できます。選挙ポスターは透けにくいので裏返して背景に使え、エコにもなります。

背景で印象を変える

 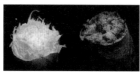

　屋外で撮影すると健康的な印象が、背景を黒くすると高級感が出ます。

♥ 誰でもできるワンランクアップの撮影ポイント

真上から俯瞰で撮影する

　ポイントは、角度はつけないで「真上」から撮影することです。Instagramと相性がよい撮影方法で、シリーズ化しても面白いでしょう。

食べ物は「すくう」「寄る」

　食べ物をおいしそうに写すには、「すくう」「はさむ」などの食べる過程を撮影する方法があります。また、思い切って寄って撮影してみましょう。

小物を用意＆写り込みにも工夫

　手ぶらではなく小物を持たせたほうが人物＋αの情報を伝えることができるのでおすすめです。また、写り込む背景にも関連するものを入れるなどの工夫もできるとなお良いです。

≡ **伝わる写真の撮り方④**

撮影後は必ず補正をする

タイムラインに流れてくる無数の情報の中で、思わず手を止めてしまう投稿の多くは目をひく写真や画像です。同じ写真や画像でも一手間かけるだけで印象をガラッと変えることができます。スマホで簡単に編集することができるので撮った写真は必ず補正することをおすすめします。

♥ 写真は必ず補正して印象を変える

| 補正前 | 補正後 |

　皆さんは左右の写真、どちらに目がいきますか？　左の写真は逆光で暗くなってしまい何の写真かわかりにくいですが、**右の写真では広大に広がるコスモス畑の写真と一目でわかります。**多くの人は右の写真に目がいくと思います。この写真では露出やシャドウ、自然な彩度の数値を上げてハイライトを抑えるなどの補正（レタッチ）を行いました。

Check　　　本格派にはAdobeのLightroomがおすすめ

本格的に写真編集をするときにはAdobeのLightroomがおすすめです。細かな設定ができる点、直感的に印象を変えることができる点、設定を保存できる点がとても便利です。PC版だけでなくスマホ用アプリもあります。

● 知っておきたい補正の3つのポイント

露出を上げて全体を明るくする

　暗かったりくすんでいたりする写真は目をひきません。SNSで使う写真はできるだけ露出を上げて明るめに仕上げます。

風景写真はコントラストを上げる

　コントラストを上げると写真にメリハリが出ます。風景写真を補正するときにはコントラストを上げることをおすすめします。

彩度ではなく「自然な彩度」を上げる

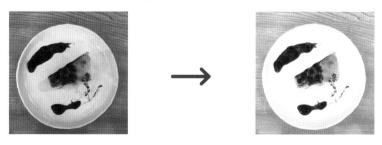

　「彩度」を上げると「全体」が鮮やかになるので、少し「加工した感」が強くなります。一方、Lightroomの「自然な彩度」を上げると「くすんだ色だけ」鮮やかになり、自然な仕上がりになります。

≡ 伝わる写真の撮り方⑤

スクリーンショットのテクニック

完成した画像と画像の作成過程のスクリーンショット（スクショ）とを発信する内容によって使い分けることで質の高い投稿ができます。便利な機能としてPC上で範囲を指定してスクショする方法と、操作画面を録画する方法を覚えておきましょう。

⊙ スクショより写真のリアル感が共感を生むケース

　下の２つの投稿をパッと見たときにどんな印象を持ちますか？ 左の画像を見て、パッと「作業中なんだな」と思いませんでしたか？ 右側の投稿の画像は、筆者が本書を書き始めたときにFacebookに投稿したものです。出版日が近づき本の告知をする際には、左の投稿のような画像を使うことが有効です。単に綺麗な画像や写真なら共感されるというわけではありません。「画像の内容を見てほしいのか」「画像から感じてほしいのか」を意識してスクショを活用しましょう。

┊ **スクショを添付**　　　　　　　　┊ **作業画面を撮影して添付**

出所：Facebook

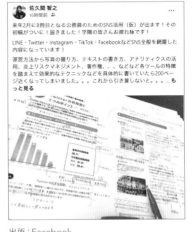

出所：Facebook

● PCで範囲を指定してスクショを撮る方法

「prtsc」でスクショを撮り、ペイントに貼り付けて切り取る方法でなくても、範囲を指定してスクショを撮る方法があるので覚えておくと便利です。

例：ホームページの一部を画像化してSNSで使いたい

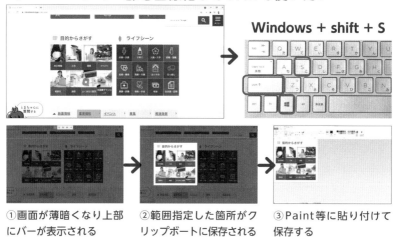

Windows + shift + S

①画面が薄暗くなり上部にバーが表示される

②範囲指定した箇所がクリップボードに保存される

③Paint等に貼り付けて保存する

出所：北本市HP（https://www.city.kitamoto.lg.jp/index.html）

● PCの画面を録画する方法

PC上での手続きの手順等を紹介する動画をSNSにアップするのに便利な方法です。

例：ホームページ上の一部を切り抜いて映像化しSNSで使いたい

Windows + G

①画面が薄暗くなりバーが表示される

②「●」をクリックで録画が開始される。「■」で録画が停止される

③動画データは「ビデオ」フォルダに保存される

出所：北本市産業観光課「きたこれ」（https://www.city.kitamoto.lg.jp/kanko/index.html）

13

文章と画像

≡ **伝わる画像の作り方①**

PowerPointで作る
バナー画像

ほとんどのSNSの利用者はスマホで見ており、横長の画像よりも正方形の
バナーのほうが見やすいです。特にInstagramの画像は原則正方形です。
ここではタイムライン上で目をひくために必須ともいえる正方形のバナー
画像をPowerPointで作る方法を紹介します。

①伝えたい情報に優先順位をつける

例：初心者向けのLINE講習会の告知用バナーを作るとき

まず「伝えたい情報の優先順位」を定めます。例の場合は以下の通りです。

①内　容：LINEを活用した講習会
②対　象：LINEの初心者
③日　時：10/21㊏10：00から
④会　場：佐久間公民館
⑤その他：HP上で詳細の確認と申込みができるようになっている

②8：2の割合になるよう帯を配置する

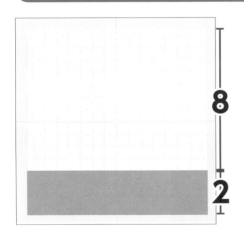

8：2の割合になるよう、四角
い図形（帯）を配置します。ここに
「詳しくはこの画像をタップ」とい
う文字を入れます。今回はパッと
見てLINEを連想できるように緑
色にしました。このように配色も
意識しましょう。

▼ ③文字にメリハリをつける

①で決めた優先順位順に従い文字を大きく（太く）したりしたテキストを用意します。次に特に強調したい文字を②で作った帯と同じ配色にします。黄色い下線を引く方法も効果的です。フォントはゴシック体の太いものを選びましょう。

▼ ④イラストを入れて訴求力を上げる

フリー素材のイラストサイトを活用します。今回は「ちょうどいいイラスト」(https://tyoudoii-illust.com/) のイラストを使用しました。イラストが大きければ大きいほど訴求力が増します。

上部8割は「見るゾーン」です。文章を入れて「読むゾーン」にしないように注意しましょう。

Instagram や LINE で使うときには、下部2割に「詳しくはこの画面をタップ」の文言を入れましょう。この文言を入れると入れないとではタップされる確率が大きく変わります。ほかのSNSのバナーなら「読む」テキストをここに入れます。

Check 　　　正方形にするには「デザイン」タブから

PowerPointで正方形にするには「デザイン」→「スライドのサイズ」→「ユーザー設定のスライドのサイズ」からカスタム設定で30cm × 30cmにします。

≡ **伝わる画像の作り方②**

URLを貼ると表示される画像「OGP」を理解する

SNSで目に留まる投稿のポイントは「見た目」です。SNSでURLを貼り付けると自動で画像と概要説明が表示されるシステムを「OGP」といいます。SNSのツールやスマホ・PCといった媒体によってOGPの表示のされ方がバラバラなので、きちんと表示されるかを事前に確認することが重要です。

● OGPとは

出所：Fecebook

　OGPとは「Open Graph Protcol」の略称でSNSでURLを貼ったりその投稿がシェアされたりしたときに、その**ページのタイトル・URL・概要・アイキャッチ画像（サムネイル）を表示させる仕組み**です。

● OGP確認サイトを活用する

　OGPがどのように表示されるのかを確認する便利なサイトがあるので、ぜひ活用してみましょう。筆者のおすすめは「ラッコツールズ」の「OGP確認」（https://rakko.tools/tools/9/）です。URLを貼るだけで各ツール上でどのように表示されるのかが一目でわかるので非常に有効です。

　画像全体が表示されていて画像で内容がわかるOGPは問題ありませんが、画像が見切れていてサムネイルの文字が読めない場合はOGPにせずにURLを載せてサムネイルの画像を添付するなどの工夫が必要です。

◎ OGPがどのように表示されるか確認する

SNSのツールによってOGPの表示のされ方が異なります。表示する画像が固定されている場合 (自治体のアイコンなど) もあるので、よく確認しましょう。

例：埼玉県北本市のホームページ

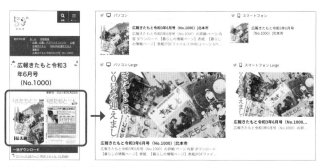

出所：埼玉県北本市HP「広報きたもと 令和3年6月号」(使用ツール：ラッコツールズ「OGP確認」)

Twitter の OGP を確認すると**サイト内にある画像が抽出され、概要は見出しと本文が引用されている**ことがわかります。

例：東京都清瀬市のホームページ

出所：東京都清瀬市HP「新型コロナワクチン接種関連情報」(使用ツール：ラッコツールズ「OGP確認」)

Twitter の OGP を確認すると、ページ内の画像ではなく、**市のロゴと引用文が固定**されていることがわかります。

Check　　　　画像がないページのOGPに注意

画像がないサイトや投稿のURLを貼ると、画像は表示されずに無機質な文字だけになってしまう場合があります。**画像を添付して投稿し、URLは文中に入れるなどの工夫をしてインパクトのある表示にすると反応がよくなります** (本書81頁参照)。

2 ： 誹謗中傷してしまう人の特徴

SNSでは誹謗中傷のコメントをする人が一定数います。自治体のSNSアカウントも例外ではありません。ネット炎上研究の権威である国際大学グローバル・コミュニケーション・センター准教授の山口真一氏は、炎上に参加する「極端な人」に多い特徴として

・男性

・年収が高い

・主任・係長クラス以上

を挙げ、その実態をデータから浮き彫りにしました。

● 自分は正しいと思っている人が誹謗中傷をする

　山口氏によると誹謗中傷のコメントをした**動機の6～7割**が「**許せなかったから**」「**失望したから**」といった**正義感**からくるものであったそうです。年収が高い人、主任・係長クラスの人は知識や情報が豊富な人が多い分、自分は正しいと思いがちな傾向があり、自分の考えと反する投稿を見ると批判をしてしまいます。コロナ禍で「自粛警官」と呼ばれる人もこの傾向があると言えます。「この考えはおかしい。正してあげよう」という考えで投稿しているので、彼らには悪気がありません。

　では、どのように対応したらよいのでしょうか。一番良い対応はスルーです。決して否定や意見をしないようにします。相手は自尊心が高く、自分が絶対正しいという考えであることを忘れてはいけません。目に余る場合は、各自治体の顧問弁護士に相談しましょう。

Chapter

3

「すぐ」＆「拡散しやすい」 Twitterの使い方と ポイント

≡ **10～20代の約7割が利用！**

Twitterの利用層と
2つの特徴

自治体がTwitterを活用するにあたって、「Twitterではどんなことができるのか」「活用する目的は何かを明確にすることが重要です。本項では、Twitterを使って自治体情報を効果的に届ける方法を解説する前に、まず、Twitterの基本情報や使用している年齢層などを確認していきます。

◎ 10～20代の約7割が利用している

統計を見ると、Twitterを利用している主な年齢層は10～20代です。つまり、**自治体にあまり関心を持たないとされる若年層へ情報を届けるツールとしてTwitterが有効である**ことがわかります。しかし、堅苦しい自治体情報ばかりを発信していては若い人の関心を得ることはできません。**文章や添付する写真、OGPの表示を工夫したり、日々投稿の反応などを分析したりする**必要があります。

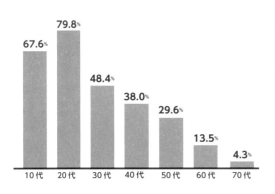

全年代の利用率
42.3%
うち男女別利用率
男性：**42.7**%
女性：**41.8**%

引用元：総務省「令和2年度情報通信メディアの利用時間と情報行動に関する調査報告書」（令和3年8月）を基に筆者作成

Check　　　　Twitterのメリットとデメリット

Twitterは「スピード感」「即時性」に優れたSNSです。利用者の多くは匿名であることもあり気軽につぶやけることが要因として考えられます。また、短文（140文字）のため意図が伝わらずに誤解を招き、炎上につながりやすいという側面も持ち合わせています。

⊙ Twitterの２つの特徴

リツイートと引用リツイート

出所：「特別区全国連携プロジェクト」(@zenkoku_Renkei)
Tweet、「砺波市」(@tonami_city)Tweet

リツイートとは、ツイートをフォロワーと共有する機能で、気になる投稿や面白いと感じた投稿、広めたいと思う投稿などを簡単にシェアすることができます。引用リツイートはコメントを添えてリツイートする方法で、自治体のツイートを自分の投稿のようにすることができます。リツイートされることで多くの人に見てもらうことができます。

140文字の文字数制限

出所：「神奈川県茅ヶ崎市」(@Chigasaki_city)Tweet

Twitterは投稿できる文字数に「140」という縛りがあるため、伝えられる情報量に限りがあります。文字数が足りず伝え切れない場合は、詳細が書いてあるサイトのURLを貼り付けたり、画像で補足をしたりするなどの工夫が必要です。また、URLを貼り付けるときはOGP（本書64頁参照）に注意する必要があります。限られた文字数で効果的に行政情報を伝えるには、Twitterの特徴をつかみ、アナリティクスで日々反応の分析をして投稿の質を高めていくことが重要なポイントです。

☰ **なぜTwitterを運用するのか**

「目的」を明確化する

Twitterでたくさん投稿してもイマイチ反応がなくてがっかりすることはありませんか？ だからといって、本来の目的である「住民に地域の情報を届ける」「安心安全につながる情報を届ける」ことを忘れ、過激な投稿や面白おかしい投稿をすることは信頼を失いかねず、得策ではありません。

♡ リツイートやいいねを増やすことが目的？

「リツイート」や「いいね」などの投稿の反響が多いと嬉しくなりますが、反響を増やすことを目的にしてしまうと**住民の知りたい情報を正しく伝えるという本来の目的とずれてしまいます。**

自治体らしからぬ過激な内容を投稿すれば、炎上してリツイートやインプレッション数は増えるかもしれませんが、自治体SNSの本質を見失っているといえます。

もしも、お堅い内容でなく少し砕けた運用をしたいのであれば、公式アカウントのほかにまちのキャラ用のアカウントを作り、そこで辛口な投稿をするなどにすべきです。

自治体のSNSに求められているものは何かを明確に認識し、信頼を損なわないいように気を付けなければなりません。

Check 　　　5W1Hで目的を客観的に考える

下記の（　）内を埋めて目的を可視化してみましょう。
- ✅ Why……なぜ運用するのか　（　　　　　　　　　　　　　）
- ✅ What…何を発信するのか　（　　　　　　　　　　　　　）
- ✅ Who…誰に発信するのか　（　　　　　　　　　　　　　）
- ✅ When…いつ発信するのか　（　　　　　　　　　　　　　）
- ✅ Want…何を求めているのか　（　　　　　　　　　　　　）
- ✅ How……どう工夫するのか　（　　　　　　　　　　　　）

♥ ターゲットを絞りアカウントをすみ分ける

アカウントが1つだけの場合、どうしても「選挙の情報」「不審者情報」「まちのイベント」「新型コロナ情報」「災害情報」「新規採用職員募集」など情報が乱立してしまいがちです。そうなると、受け手の知りたい情報以外がノイズに感じられ、フォロー解除につながってしまうかもしれません。そこで、情報の内容によってアカウントをすみ分けることをおすすめします。

例えば、群馬県はTwitterをメインアカウント「群馬県」（@GunmaPref_koho）のほかに、「群馬県新型コロナウイルス感染症対策本部」（@Gunma_covid19）、「群馬県防災」（@Gunma_bousai）のようにすみ分けて運営しています。また、**メインアカウントのフォロワー（4.7万人）よりも**新型コロナウイルス感染症情報の発信に特化した**「群馬県新型コロナウイルス感染症対策本部」のフォロワー（6.4万人）のほうが多くなっています**（2021年11月17日現在）。メインのアカウントのほかに住民のニーズが高い危機管理やごみの情報などの配信に特化したアカウントを作り、各担当課から発信するなど工夫しましょう。

♥ キャラクターを通じてまちの魅力を発信する

自治体のアカウントだと砕けた内容の発信がしにくいですが、**キャラクターを介することで公式とは異なる世界観でまちの魅力を伝える**ことができます。

出所：中野区、中野大好きナカノさんプロジェクト「ナカノさん」（@nakano_san_desu）Tweet

出所：「しんじょう君Shinjo_kun」（@susaki_city_PR）twitterアカウント

≡ **フォロワー数を増やすには**

住民のメリットになる投稿をする

フォロワーを増やすことは手段であり目的ではありません。ですが、Twitterのフォロワーが増えればそれだけインプレッション数が上がるので、多くの人に投稿を見てもらえるチャンスが増えるというメリットはあります。

♥ フォローする価値のある投稿ができているか

　まず、メリットについて考えてみましょう。「**災害発生時の情報収集・配信のため**」がSNSを利用する理由の26％を占めています（総務省「令和2年通信利用動向調査」）。自治体のTwitterをフォローすることで生活の安心安全に繋がる情報を得ることができるということは、住民にとって大きなメリットといえるでしょう。

　一方、自治体で行う住民アンケートの結果で必ず知りたい情報の上位にランクインするのが「ごみの収集日や分別方法」です。LINEのリッチメニューに「ごみ情報」を表示させている自治体が多いのはこのためです。

　このように住民が知りたい情報は何かを考えて「フォローすれば役に立つ情報がタイムラインに流れてきて便利」と思われるような投稿をすることが重要です。コロナ禍であれば、ワクチン接種の会場や予約状況といった情報が住民の関心が高く、これらの情報をTwitterで発信できていればフォローする価値のある投稿ができていると言えます。

Check　住民にとってメリットのある自治体情報＝価値のある情報

- ✓ 生活に役に立つ情報（ごみ出し・ワクチン会場など）
- ✓ 災害など有事の際の状況情報など
- ✓ 地域のイベントや観光スポット情報
- ✓ 休日診療・夜間診療・子ども救急受け入れ病院の情報
- ✓ 役所の窓口の混雑情報　など

❤ フォロワーが増える3つのステップ

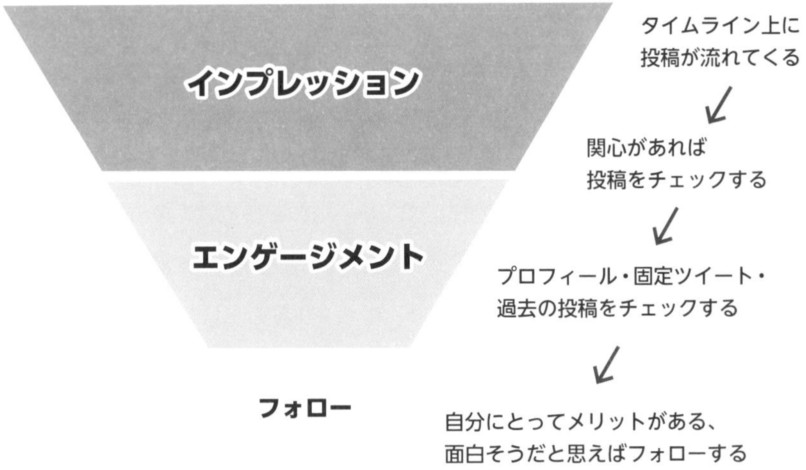

インプレッション

タイムライン上に
投稿が流れてくる

↓

関心があれば
投稿をチェックする

↓

エンゲージメント

プロフィール・固定ツイート・
過去の投稿をチェックする

↓

フォロー

自分にとってメリットがある、
面白そうだと思えばフォローする

　上図のようにフォローされるまでには3つのステップがあります。きっかけとなるインプレッション数が多ければそれだけエンゲージメントにつながるわけですが、ここで「このアカウントをフォローしてもよいか」判断するために素性を調べます。このとき材料となるのは過去の投稿・固定ツイート・プロフィールです。そのため**エンゲージメントの中でも特に「プロフィールのクリック数」が重要**だといえます。

Twitterのアナリティクスで確認する

　Twitterのアナリティクスでプロフィールへのアクセスなどを確認することができます(本書84頁参照)。例えば、「プロフィールへのアクセス」と「新しいフォロワー」の割合から、プロフィールを見た人がどれだけフォロワーに結びついたかを分析して、伸びにつながっていない場合はプロフィール欄やプロフィールアイコンを変えるなどの改善をすることが考えられます。

≡ **検索されやすくなる工夫**

アカウント&プロフィール
のキーワード

自治体のアカウントの存在を知ってもらうには検索されることが重要です。
検索されるためには、住民が知りたいキーワードがアカウント名やプロ
フィール欄に入っていることが必要です。ここではどのように工夫すれば
よいのか解説します。

♡ 検索されやすいワードをアカウント名に入れる

　アカウント名に検索されやすいワードを入れます。例えば、自治体名に危機管
理のワードを入れ「〇〇市 危機管理情報 @東京」とすれば「危機管理　東京」で
検索されたときにヒットするというわけです。

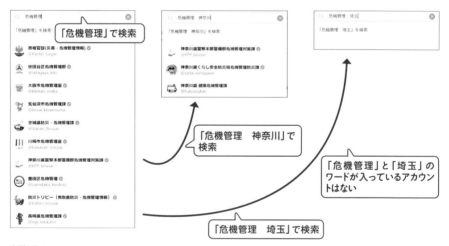

出所：Twitter

Check　　　　　　　アカウント名にキーワードを入れる

Twitterの検索バーに調べたいワードを入力したとき、真っ先に表示されるのは
アカウント名にそのワードがあるアカウントです。住民が検索をかけるキーワー
ドを先回りして考えてアカウント名に入れ、探しやすくするなどの工夫が必要です。

⊙ トレンドを押さえたプロフィールにする

Twitterのアカウント検索ではアカウント名＋プロフィールに検索ワードが入っているものが抽出されます。

なお、**プロフィール欄は随時更新する**ことができます。状況によってワードを加除してトレンドに合わせることが重要です。旬なワードをプロフィールに入れると検索の上位に表示される可能性が上がるので、プロフィールは**臨機応変に変えていきましょう。**

神奈川県茅ヶ崎市の場合

← 　 Q 　 茅ヶ崎市　災害情報 　　　　　　　 ・・・

| 話題のツイート | 最新 | アカウント | 画像 | 動画 |

神奈川県茅ヶ崎市 ✔
@Chigasaki_city
フォロー中
神奈川県茅ヶ崎市の公式アカウントです。企画部秘書広報課広報担当が運営しています。災害情報、観光イベント情報や季節の話題などをお知らせします。原則返信はしませんのでご了承ください。

出所：「神奈川県茅ヶ崎市」(@Chigasaki_city) Twitterアカウント

個人の場合

← 　 Q 　 佐久間　広報　公務員 　　　　　　　 ・・・

| 話題のツイート | 最新 | アカウント | 画像 | 動画 |

佐久間智之
@sakuma_tomoyuki
地方公務員18年（税務・介護・秘書広報）→自治体広報「日本一」→退職→早大マ二研招聘研究員・自治体広報アドバイザー・デザイン等研修講師・PR TIMESエバンジェリスト/公務員アワード2019受賞/金澤朋子さん写真集「いいね三芳町」撮影/公務員向けの本を多数出版・著書→amzn.to/3tQ2xi8

出所：Twitter

≡ **「手抜き」の印象を持たれない**

プロフィールの
各種カスタマイズのポイント

プロフィールの出来栄えによってフォロワー数が大きく変わります。目を
ひくカバー画像やアイコンがあれば、自己紹介を読んでフォローするか否
かを判断するという流れが多いので、それぞれについてしっかりと工夫を
しながらカスタマイズしていきましょう。

● プロフィールをカスタマイズする

アイコンやカバー写真、自己紹介等は「プロフィールを編集」から設定します。
どんな自治体なのか、どんなアカウントなのかが一目でわかるように工夫をして
みましょう。

出所：Twitter

Check カバー画像がないと手抜きの印象を与えてしまう

カバー画像がなかったり、適当な写真を使っているアカウントでは、住民に「SNS
に力を入れていないんだな」と思われてしまうのでこだわることをおすすめしま
す。

⊙ 各種プロフィールの登録方法

出所：Twitter

カバー画像を登録する

❶のカメラマークを選択するとカバー画像を選択できます。左のように、**通常の写真のサイズでは上下がカットされるので、中央に伝えたいものが配置されている画像や写真を用意しましょう。**

出所：Twitter

アイコンを登録する

❷のカメラマークを選択するとアイコン画像を選択できます。円内に表示されるので左のような**上下左右に余白があるアイコンを準備することがポイント**です。余白がないと欠けた状態で表示されてしまうので注意しましょう。

アカウント名を変更する

アカウント名は変更することができます。例えば、イベントがあるときは「〇〇市@9/1防災フェア開催」など、随時変更することで目立たせて検索しやくする工夫ができます。

自己紹介を入力する

プロフィール欄には**検索されるワードを散りばめる**ようにします。住民がどんな情報を知りたいのかを考えながら入力しましょう。

ウェブサイトを登録する

自治体のホームページのアドレスを入力して、プロフィールから流入させます。

≡ **わかりやすい＆インパクトが出る**

画像を効果的に使うための3つのポイント

Twitterで重要なポイントとして、見た目を工夫すること、インフォグラフィック（情報やデータをわかりやすいよう視覚的に表現したもの）を積極的に使用することがあります。パッと見て「面白そう」「難しくなさそう」と思われるためには、画像を効果的に使うことが必要です。

◉ 画像を文章の補足や図解として使う

　文字だけの情報ではイメージがつかみにくいですが、補足として画像を添付することでパッと見でのわかりやすさがグッと向上します。Twitterは入力できる文字数に限りがあるので、画像を上手に活用するのが大きなポイントとなります。

文章だけだと堅苦しい印象になり、さらにパッと見ただけでは何の話か伝わりにくい

補足した画像を添付

出所：Twitter

画像があると文章の内容を理解しやすい

Check 　共感文章＋画像＋配信時間で反応が大体決まる

　上記の投稿ではいいねが1万3千以上つきました。ポイントは「あるある」系のネタで共感を得る文章と画像、配信時間（21時少し前に配信）です。図解は比較的反応が良い傾向にあります。配信時間については予約設定ができるので、ぜひ活用してみてください（本書96・97頁参照）。

画像は基本的に1枚だけにする

画像は1枚のほうが見切れることがないのでタイムライン上で綺麗に見えます。

\ 1枚で横の画像の表示 /

出所：Twitter

\ 1枚で縦の画像の表示 /

出所：Twitter

\ 文を画像にして表示 /

出所：「農林水産省」（@MAFF_JAPAN）Tweet

画像は最大4枚までにする

画像が2〜4枚の場合、やはり1枚のときより見切れる範囲が大きくなります。画像を2枚使ってチラシの表裏を並べる方法がおすすめです。また、3枚使うと1枚目は縦長に、2・3枚目は横長の形で表示されます。画像4枚だと全て横長の形に表示され、上下が大きく見切れるので注意しましょう。

\ 2枚の表示 /

出所：「北本市」（@kitamotocity）Tweet

\ 3枚の表示 /

出所：中野区、中野大好きナカノさんプロジェクト「ナカノさん」（@nakano_san_desu）Tweet

\ 4枚の表示 /

出所：Twitter

07
Twitter活用

≡ **もっと詳しい情報を届けたいとき**

URLで誘導する

Twitter では OGP の表示が PC とスマホで異なったり、サイト内に画像がない場合に見た目の悪い表示になってしまったりすることがあるので、URL は文中に入れて画像を貼るなどの工夫をしましょう。

● OGPは主張が強い

　URL を文中に入れると自動でサムネイルと概要が表示されます (OGP) が、「これをクリックしてほしい」という主張が強すぎて引かれてしまいます。さらに、PC とスマホで表示のされ方が異なったり、そもそもサムネイルが表示されないなど意図しないことが起こり得ます。そこで、文中に URL を入れて関連する画像を添付する方法が効果的なので右頁で解説します。

OGPは媒体によっては上のような地味なものになる

出所：Twitter

URLは文中に入れて、画像を貼り付けるとURLをクリックしてほしい主張が薄れてかつ目立つ

Check 　　　YouTubeへの誘導に気を付ける

YouTubeのURLを入れてOGPで表示させると、見た目は良くても「動画は後でWi-fi環境下で観よう」などと思われちゃんと見てもらえないことも多いので、YouTubeへの誘導はURL＋画像の形で行いましょう。

❤ OGP を消して画像を貼る方法

❶文章を入力し、誘導したいサイトのURLを
コピーしておきます。

❷❶でコピーしたURLを貼り付けると、自動
的にサムネイルと概要（OGP）が表示され
るので、サムネイル内の「×」ボタンを選択
します。

❸OGPが消えると下にメニューが出てきま
す。ここで画像マークをクリックして添付
する画像を選択します。

Before

❹文中にURLがあり、画像が表示されている
かを確認してツイートします。

After

出所：本頁内画像全て Twitter

❺完成。Beforeと比べて、「リンク先をクリッ
クして！」という主張が薄まりました。

08
Twitter活用

≡ **Twitterで動画を有効的に活用する**

動画の直接アップと YouTube誘導で使い分ける

Twitterでは動画を画像と同じようにアップすることができます。また、YouTubeのリンクを貼って動画へ誘導することもできます。それぞれのメリットとデメリットをしっかり理解して使い分けをしましょう。

♥ 動画を直接アップするメリットとデメリット

📌 固定されたツイート
ナカノさん ✔ · 2019/02/01 ···
中野に憧れて、中野にやってきた人形です。
#中野大好きナカノさん

8.3万回視聴

💬 22　↻ 1072　♡ 2126　⬆

出所：中野区、中野大好きナカノさんプロジェクト「ナカノさん」(@nakano_san_desu)Tweet

Twitterに直接アップした動画は、タイムライン上に表示されたときに自動で再生されるため、タップしなくても自動的に動画だと認識してもらえるメリットがあります（表示と同時に自動で動画が再生されます。音はミュートされますが、タップで解除できます）。また、動画を観るための操作の手間がないので人の目に触れる機会が増えます。

デメリットとしては、再生回数のみしかわからないため動画の細かな分析ができないこと、**長い動画は投稿できない**（上限140秒）ことがあります。「とにかく動画を観てほしい」というときには、動画を直接アップする方法がおすすめです。

Check　　固定ツイートに動画を活用する

動画を入れた投稿を固定ツイートにしておくことで、自動再生されるのでプロフィール欄を見に来た人に動画を観てもらうことができます。魅力的な動画であればフォロワー獲得に繋がります。観光やプロモーションアカウントであれば特に有効です。

YouTubeに誘導するメリットとデメリット

YouTubeに誘導するメリットは、Twitterからの流入はどれくらいかといった細かな情報がYouTubeのアナリティクスでわかることです。デメリットとしては、動画を観るためにはいくつかのステップが必要となるため、必ず動画を観てもらえるとは限らない点があります。「YouTubeのアナリティクスを活用して分析したい」「YouTubeの再生回数を増やしたい」という場合には、YouTubeに誘導することをおすすめします。

YouTubeに誘導するときのポイント

URLを直接テキストに入れるとOGPのサムネイルがでますが、TwitterからYouTubeに誘導する場合はOGPではなく**URL＋画像**（本書81頁参照）の組み合わせが鉄則です。動画の内容のダイジェストを4枚の画像で伝える方法も有効です。

見た目のインパクト重視でサムネイルを画像で貼り、文末にYouTubeのURLを貼る

動画の内容をダイジェスト画像で伝える。サムネイルだけだと内容が伝わりにくいときに有効

出所：Twitter

Check PowerPointで正方形の動画を作れる！

第2章で紹介した正方形のサイズにしたPowerPointでスライドショーから記録すれば正方形の動画を作れます。PowerPointで動画を作る方法は拙著『PowerPointからPR動画まで! 公務員の動画作成術』（学陽書房）でも紹介しています。

09
Twitter活用

≡ **アナリティクスで分析①**

PCとスマホで
データをチェックする方法

Twitterでは「アナリティクス」で細かいデータを分析することができます。
これにより、「なぜこの投稿は見られたのか」「なぜこの投稿には反応がな
かったのか」などを数字で解析して改善に役立てることができます。

◎ 投稿しっぱなしはNG

　PC版のTwitterのアナリティクスでは月ごとに最も反応があった投稿、最も
表示された投稿などが一目でわかります。投稿しただけ・やりっぱなしはNGで
す。必ずこれらのデータを分析して改善に役立てるようにします。

直近28日間のツイートへ
の反応

月ごとの内容の解析

❶一番インプレッション
（表示）が多かった投稿

❷一番エンゲージメント
（反応）が多かった投稿

❸その月にフォローされ
たなかで一番フォロ
ワーが多いアカウント

❹画像や動画などを入れ
た投稿で一番インプ
レッション（表示）が多
かった投稿

❺その月の各項目の総数

出所：Twitter

◎ PCでTwitterのアナリティクスを見る手順

アナリティクスはPC（デスクトップ）表示でしか見ることができないので注意しましょう。アナリティクスでは、スマホ版では見ることのできない細かいデータを見ることができるほか、CSV出力をすることもでき便利です。

メニューが表示されるので「アナリティクス」をクリックする

アナリティクスのトップ画面が表示された

出所：Twitter

◎ スマホ版では投稿ごとの情報を得ることができる

スマホ版でも投稿ごとの情報を見ることはできます。データの出力などはできないのでスクショで保存しておくとよいでしょう。

エンゲージメント率
11,489÷69,620
=0.16502…
およそ17％となる

この数字の合計がエンゲージメント総数になる。
よい反応の原因は「疑問で始めたから」「画像がわかりやすかったから」などと推測できる

出所：Twitter

10
Twitter活用

≡ **アナリティクスで分析②**

ツイートアクティビティから見える改善ポイント

アナリティクスではツイート1つひとつの詳細なデータがわかります。また、過去にさかのぼって見られるので現在との比較ができます。さらに、データをエクスポートしてCSVファイルに出力できるので、データ解析をするのにも適しています。

◎ ツイートアクティビティの見方

アナリティクスからツイートタブをクリックすると下の画面が表示されます。ここでは様々な細かい情報を得ることができます。これらはインプレッションやエンゲージメント率がなぜ伸びたのかなどを分析するのに有効です。

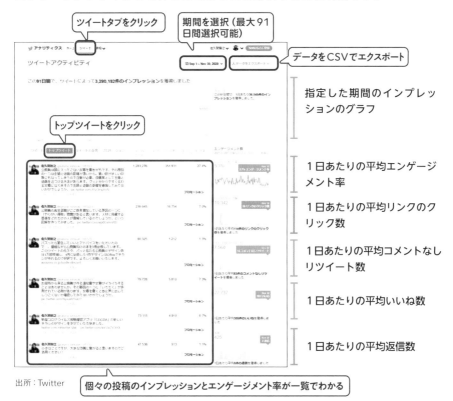

ツイートタブをクリック

期間を選択（最大91日間選択可能）

データをCSVでエクスポート

指定した期間のインプレッションのグラフ

トップツイートをクリック

1日あたりの平均エンゲージメント率

1日あたりの平均リンクのクリック数

1日あたりの平均コメントなしリツイート数

1日あたりの平均いいね数

1日あたりの平均返信数

出所：Twitter

個々の投稿のインプレッションとエンゲージメント率が一覧でわかる

◉ 数字から改善方法を考える

　アナリティクスで数字を追っていくと、課題が浮き彫りになります。課題の原因を考えて改善につなげましょう。また良い結果が出ているツイートの内容も分析し、良かった点はストックしておくことをおすすめします。

インプレッションが少ない

原因

・投稿数が少ない

・URLが文中にある投稿が多い

※URLが入っているとアルゴリズムで広告と判断されデータに含まれない可能性がある

改善策

・投稿数を増やす

・URLではなく画像を貼り投稿内で完結させる

エンゲージメント数が増えない・エンゲージメント率が低い

原因

・文章がつまらない ・画像を活用していない ・投稿時間が悪い ・投稿が多すぎ

・投稿内容がバラバラ (複数の課で1つのアカウントを使用している)

改善策

・文章に工夫をする (本書2章参照)

・画像に工夫をする (本書2章参照)

・投稿時間を反応のある時間帯にする (本書96・97頁参照)

・投稿数を減らす

・アカウントをすみ分ける (本書71頁参照)

フォロワーが増えないもしくは減る

原因

プロフィール (自己紹介・カバー画像・アイコン) に工夫がない

※プロフィールのクリック数が少ないとフォロワーの増減に影響する

改善策

・プロフィールを工夫する (本書74 〜 77頁参照)

・無駄な情報は投稿しない (投稿数を目的化するのはNG)

≡ **140字のテクニック①**

文中のキーワードで
検索にひっかける

文章で興味をひくためには「自分に対して言っている」と感じてもらい、受け手を当事者化させる必要があります。ターゲットが興味のあるワードを文中に忍ばせることで関心を高めることができます。

ターゲットが反応するワードを考える

「公務員」「公務員に関心のある人」に見てもらいたいと思ったとき、下の2つの投稿のうちどちらが適切でしょうか。左の投稿は知識を増やしたい人全般がターゲットですが、右の投稿は「公務員」「自治体」のワードを忍ばせているので特に公務員や自治体職員の興味を引きます。ですので、この場合は右の投稿が適切と言えるでしょう。このように、同じ内容でもキーワードを入れるだけで反応が変わります。

出所：Twitter

Check アカウント名にもキーワードを入れる

アカウント名にキーワードが入っていると検索上位に来ます。例えば「佐久間市＠観光」というアカウント名の場合、「佐久間市 観光」と検索すると上位に表示されます。このようにアカウント名にキーワードを忍ばせる方法も有効です。

❤ 自治体名＋核となるキーワードを入れて投稿する

　自治体名＋「その投稿で一番核となるキーワード」を投稿に含めると検索のリストに表示されやすくなります。左の画像は「茅ヶ崎市」「ふるさと納税」で検索した画面です。ふるさと納税の返礼品を探している人に向けた茅ヶ崎市の投稿がヒットしています。さらに、4枚の画像を組み合わせて1枚の画像にして、綺麗に表示がされる工夫もされています。

　SNSは広報紙と異なり地域外にも情報を発信することができます。ぜひ様々な工夫を盛り込んで活用してみてください。

❤ 検索結果に影響するカタカナに注意！

　「蛍」もしくは「ほたる」を文中に入れた場合、「蛍」と「ほたる」のどちらで検索をかけてもヒットします。しかし、「ホタル」を文中に入れた場合、「蛍」「ほたる」で検索してもヒットしません。このことを念頭に置き、カタカナの扱いには注意を払いましょう。

「三芳町」「ほたる」ではヒットする

「三芳町」「ホタル」ではヒットしない

≡ **140字のテクニック②**

箇条書きと行空きで読みやすく

タイムライン上で目をひくツイートにするための文章のポイントは「箇条書き」にすることです。また、段落ごとに1行空けるようにして、メリハリのある見た目を意識しましょう。

❤ 箇条書きの基本の型を覚える

箇条書きにすると注意をひく以外にも、情報がまとまりわかりやすく伝わるというメリットがあります。下図のような箇条書きの型があるので覚えておきましょう。

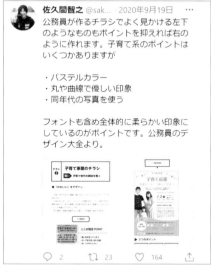

出所：Twitter

Check 改行は1文字、スペースは半角が1文字・全角が2文字

Twitterでは文字数に限りがあるので1文字も無駄にできません。改行は1文字分、スペースは半角が1文字、全角が2文字分としてカウントされます。見た目を良くするために改行するのは良いですが、スペースは極力使用しないようにします。

❤ 改行のポイント①　３〜４行ごとに１行空ける

　文章がまとまったら（60〜70文字程度が目安）１行空きをはさむと見た目が良くなります。

文章4行
69文字

1行空き
文章3行
51文字

1行空き
URL

画像

スマホは横幅が狭いので1行20文字程度で表示されるが、PCは1行25〜35文字程度で表示される。Twitterはほぼスマホから見られるので、スマホの表示に合わせてバランスをとる

出所：Twitter

❤ 改行のポイント②　改行せず140字ギリギリにする

あえて改行をせずに文字を140文字の上限ギリギリまで入れると、短い文章の投稿に比べて縦に長く表示されるのでより目に留まりエンゲージメント率が上がる傾向があります。エンゲージメント率が低いときに実行してみることをおすすめします。

出所：Twitter

≡ **140字のテクニック③**

冒頭に記号を使って目立たせる

Twitterでは文字を大きくしたり太文字にしたりすることはできません。そこで、小見出しがあるとタイムライン上に多くの情報が流れてきたときに目に留まりやすくなります。記号を使って小見出しをさらに強調する方法があるので覚えておきましょう。

♥ 記号で見出しを挟んで目立たせる

ツイートの冒頭に見出しをつけ、さらにその見出しを下画像のように記号で挟むとよく目立ちます。

【　】で挟む　　　　　　　　　　　＼／で挟む

出所：「東京都中野区（広報係）」（@tokyo_nakano）Tweet　　出所：「北本市」（@kitamotocity）Tweet

　【　】は汎用性が高いです。例えば、【イベント情報】【不審者情報】【市長のメッセージ】など【　】の間に見出しを入れると文字が強調されます。
　＼／はにぎやかな雰囲気になるので明るい話題などに合います。例えば、「＼ありがとうございました‼／」「＼新規採用職員募集中／」のように表現できます。

● 文字や記号を活用して装飾する

　文字や記号を上手に活用すると印象を変えて目立たせることができます。ぜひ一度試してみてはいかがでしょうか。

∴ フキダシ風にする

　にぎやかな印象を与えたいときにおすすめの装飾です。

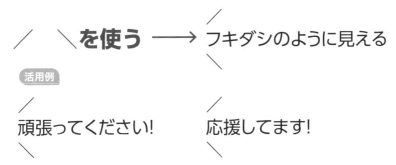

／ ＼ **を使う** ⟶ フキダシのように見える

[活用例]

／ 頑張ってください! ＼　　／ 応援してます! ＼

∴ 階段状にする

　特徴的な見え方になるので目に留まりやすくなります。

[活用例]

〇〇市には魅力がたくさんあります

・自然豊か
・災害に強い
・地域との連携
・病院が多く点在
・子育て支援が充実
・安全安心まちづくり

実はこれだけではないんです

　エ 前文
　エ 1行空き

階段状に1行ごと
1文字ずつ増やす

　エ 1行空き
　エ 締めの文章

14
Twitter活用

≡ **140字のテクニック④**

URL文字数の仕組み
&炎上を防ぐスレッド法

Twitterで長いURLを入れても11.5文字以上はカウントされないのでそれほど気にする必要はありません。また、140文字でおさまらない場合はスレッドを立てて続きを書くこともできます。スレッドは炎上を防ぐ手段としても活用できるテクニックなので覚えておきましょう。

● URLの文字数カウントには上限がある

　ツイートにURLを貼り付ける際、「140字しか入れられないから、URLを入れるとオーバーしてしまうかも」と心配になるかもしれませんが、実はURLの場合は文字数のカウントに上限があり、**URLはどんなに長くても11.5文字以上はカウントされない**ので安心してください。

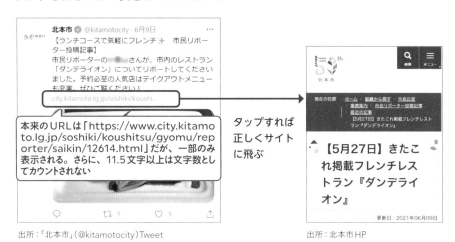

本来のURLは「https://www.city.kitamoto.lg.jp/soshiki/koushitsu/gyomu/reporter/saikin/12614.html」だが、一部のみ表示される。さらに、11.5文字以上は文字数としてカウントされない

タップすれば
正しくサイト
に飛ぶ

出所：「北本市」(@kitamotocity) Tweet

出所：北本市HP

❤ 便利なスレッド機能の使い方

140字を超えるときや内容の補足をしたいときは、自分の投稿に対してコメントを追記することができるスレッド機能を活用しましょう。

出所：「北本市」（@kitamotocity）Tweet

出所：Twitter

❤ 間違えても消さない！炎上を防ぐスレッド活用法

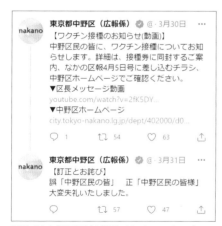

出所：「東京都中野区（広報係）」（@tokyo_nakano）Tweet

もし投稿後に文中に誤りが見つかったとしてもツイートの再編集はできません。だからといって**削除すると「やましいことがあるのではないか」「隠蔽した」などの疑念を呼び炎上してしまうリスク**があります。

そこで、**スレッドを活用して投稿に対する訂正や謝罪をする**ことで炎上のリスクを抑えることができます。**投稿は決して消さない**ようにしましょう。

15

Twitter活用

≡ ベストな投稿時間は何時？

公開予約時間を設定する

より多くの人にツイートを見てもらうためには、配信のタイミングが重要です。例えば、お昼休みにTwitterを立ち上げて情報を見ている人が多いので、その時間に合わせた公開予約をして配信をするなどの工夫をしましょう。

♥ 投稿するのにおすすめの時間帯

1日でいくつかの反応されやすい時間帯があり、また、平日と土日祝日でその時間帯が異なります。緊急性の高い情報は随時発信しますが、それ以外の例えばイベント情報などは下の時間帯を意識して投稿するのが良いでしょう。投稿後は必ずデータを分析して投稿の質を高めます。

⋮ **平日**

6：00～ 7：00
12：00～13：00
18：00～19：00

⋮ **土日祝日**

7：00～ 8：00
12：00～13：00
14：00～15：00

♥ イベント情報は金曜の夕方頃に配信する

多くの人は金曜日の夕方から夜にかけて週末にどこに行くかを考えます。つまり、その時間帯にイベント情報を配信すれば、見られる可能性が上がります。さらに、文中にターゲットが調べそうなワードを入れるなどの工夫もしましょう。

Check　平時はそれほどニーズが高くない自治体のTwitter

自治体のTwitterのニーズは、有事以外ではそれほど高くありません。1日に何度も投稿されると受け手はうんざりしてしまい、フォローを解除されかねません。やみくもに投稿するのではなく、質の高い情報を効果的な時間帯に配信するようにしましょう。

❤ 予約設定の手順

　Twitterでは投稿の予約設定ができますが、PC（デスクトップ）表示でしか行うことができずスマホ版Twitterでは行えないので注意しましょう。予定されているイベント情報や啓発情報などは予約設定を活用すれば、手が空いたときに投稿の作成ができるので有効活用しましょう。

予約設定の手順

予約確認と予約削除

出所：本頁内画像全てTwitter

3 ： バズるための近道
ベンチマークを決めて傾向や癖を分析

Twitterでバズるツイートをただ見るだけでなく「なぜバズっているのか」を分析することが非常に重要で、バズるための近道と言えます。方向性が近いアカウントを探し、エンゲージメント率が高い投稿があったらベンチマーク（指標）にします。「何時に配信しているか」「どんな言葉を使っているか」「どんな画像を添付しているか」などを徹底的に分析し、傾向や癖をつかむのです。なお、指標に定める前にバズっている投稿へのコメントや引用リツイートなどを見て、炎上してバズっているわけではないかチェックしましょう。

● ベンチマークを決めたら何度も挑戦する

↓

→ ベンチマークを決める

ベンチマークを分析する

画像・文章・配信時間・URL・行数などを分析して癖をつかむ

分析結果を投稿に活かして反応を見る

Check 自分が共感できるアカウントをベンチマークにする

SNSで情報発信をする側が楽しんでいるアカウントは見る側に楽しさが伝わります。ベンチマークにするものは自分が共感できるものや見ていて楽しいものにするのがポイントです。長続きさせるためには遊び心が大切です。

「話題性」&「集客性」Instagramの使い方とポイント

01

Instagram活用

≡ **若者＆女性の利用率が高い！**

Instagram の利用層と2つの特徴

Instagramはフォロワー数や反応が投稿する写真や動画の完成度に左右されます。Instagramを運用する目的を踏まえ、どの年齢層に向けてどのような写真や動画を届ければよいのかを考えていく必要があります。

◆ 10～20代の6割以上が利用し女性の利用率が高い

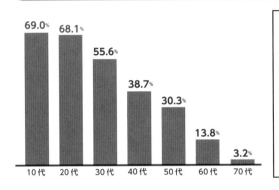

全年代の利用率
31.9%
うち男女別利用率
男性：**32.4**%
女性：**31.4**%

引用元：総務省「令和2年度情報通信メディアの利用時間と情報行動に関する調査報告書」を基に筆者作成

　　統計を見ると、Instagramを利用している年齢層は10～20代が中心で、**自治体にあまり関心を持たないとされる若年層へ情報を届けるツールとして有効であり、特に女性へのリーチが高い**ことがわかります。また、検索ワードを入力せずに「タグ」で検索する（いわゆる「タグる」）などInstagramならではの特徴もあります。若年層のニーズを踏まえて運営することが重要です。

Check 　　**Instagramは若手の感覚を尊重して運営する**

Instagramでは「映える写真」と「タグる」ことを意識して投稿することが重要です。Instagramの利用層である若年層の好みやトレンドを知るのはやはり若手です。自治体アカウントは地味になりがちですが、Instagramは特に若手や女性の感覚を尊重して運営しましょう。

⚙ Instagramの2つの特徴

拡散力は低い

出所：Instagram

　Instagramは、投稿しても**フォロワーのタイムラインにしか表示されません。**ユーザーがフォロー外の投稿を見たい場合は、興味のある言葉を検索するかハッシュタグで検索するなど、自分から探さなければならないという特徴があります。そのため、いくら良い写真や凝った動画を投稿しても投稿する際の文章（キーワード）やハッシュタグに工夫をしないと拡散されないことに留意しましょう。

写真、ハッシュタグ、ストーリーズ、リールの活用が必須

出所：「神奈川県茅ヶ崎市シティプロモーション担当」（@chigasaki-promotion）Instagram

　一目で共感を生む写真（映える写真）を投稿する（本書106頁参照）、ハッシュタグを工夫する（本書108頁参照）、ストーリーズ・リールの機能（本書110〜115頁参照）を活用することで、より多くの人に情報をリーチすることができます。逆に言えば、これらをうまく組み合わせて活用することは必須であり、これができなければInstagramでの情報発信は不発に終わりかねません。

Instagram の基本操作

Instagramは写真や動画をアップできます。また、ストーリーズやリールなどいろいろな動画の投稿の方法があります。さらに、プロフィールの編集やデータの分析のために必要な項目がいくつかあるので押さえておきましょう。

♥ ホーム画面でできること

出所：Instagram

❶新規投稿
写真や動画（ストーリーズ・リール）、ライブをアップします。

❷アクティビティ
投稿への「いいね」や「コメント」といった反応を確認できます。

❸メッセージ
ユーザーにメッセージを送ったり、ストーリーズへのリアクションを確認したりできます。

❹公開中のストーリーズ
左端の自身のアイコンをタップするとストーリーズ作成画面が表示されます。また、フォロー中のユーザーがストーリーズをアップすると、このエリアに表示されます。

❺フィード
フォローしているユーザーの投稿が表示されます。

❻ホーム
フィード画面に戻ります。

❼検索
キーワードやユーザー、ハッシュタグ、位置から投稿やアカウントを探します。

❽リール
おすすめのリールが表示されます。

❾ショップ
ショップが表示されます。

❿プロフィール
プロフィールの各種設定やこれまで投稿した写真を確認することができます。プロアカウントへの切り替えもここから行います。

プロアカウントに切り替える
通常アカウントからプロアカウントに切り替えるとデータ分析ができる「インサイト」を使用できるようになるので必ず切り替えをしましょう。プロフィールのアカウントから設定できます。

❶の新規投稿画面では、写真・ストーリーズ・リール・ライブの投稿・配信をすることができます。

投稿

これまで撮影した写真や動画の中から選択してアップロードします。

ストーリーズ

24時間で消去される写真や動画を投稿できます。スタンプや文字で装飾できるほか、通常の投稿と連動させることでリーチ数を高めることもできます（本書110〜113頁参照）。

リール

15〜30秒のショートムービーを投稿できます。エフェクトを多数利用でき、工夫をすればより多くの人にリーチできます（本書114頁参照）。

ライブ

Instagramでライブ配信をすることができます。例えば、地域のイベントの様子を生配信したり、新規採用職員向けに先輩職員の声を配信したりすることができます。

Check　　自治体のアカウントでも遊び心が大切

自治体Instagramの成功事例の多くは、担当職員がのびのびと自由に運営しています。面白味に欠ける投稿ばかりしていると「目的のためにやる」ではなく「やることが目的」になってきてしまいがちなので、遊び心を持つことも大事です。

≡ **PCから写真をアップ！**

PCで写真をアップ
&スマホでの表示を確認する

以前はスマホからしかInstagramに写真や動画をアップすることができませんでしたが、PCからでもアップできるようになりました。また、PCでスマホの機種ごとにどのような表示がされるのかを確認する方法があります。とても便利なので方法を押さえておきましょう。

⊙ PCからInstagramに画像や動画をアップする方法

PCでもスマホと同じように写真や動画をアップすることができます。

❶

❶ ⊞をタップして、アップしたい写真や動画を選択します。

❷
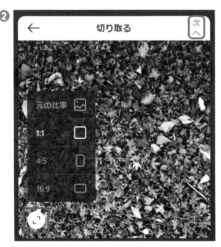

❸

❹

❷❶で選択した写真や動画が表示されます。⟳マークを押すとサイズ変更ができます。完了したら「次へ」を選択します。

❸加工をすることができます。完了したら「次へ」を選択します。

❹テキストやハッシュタグなどを入力して「シェア」を押せばアップされます。

出所：本頁内全てInstagram

❤ PCでスマホでの表示のされ方を確認する方法

PCでスマホの表示を確認するにはGoogle Chromeのブラウザを使用します。

❶ブラウザの右端にある「：」から「その他のツール」→「デベロッパーツール」を選択します。

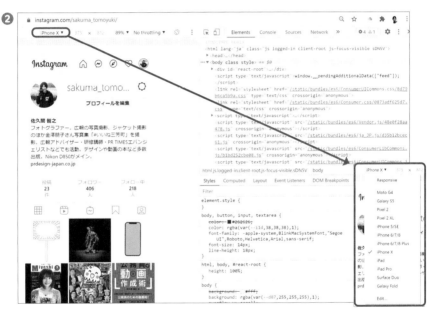

❷スマホの機種を▼から選択して様々な機種のスマホでどのように表示されるか確認することができます。

出所：本頁内全て Instagram

Check 　　　　スマホに転送する手間がなくなった

画質の良い一眼レフで撮影した写真やLightroomなどで補正した写真など、今までPCからスマホに転送してInstagramにアップしていた写真もPCだけでアップすることができるようになり、非常に便利になりました。

≡ 「見たい」アカウントにするために

コンセプトを決めて
世界観を統一する

コンセプトがなく、やみくもに写真をアップしていてはフォロワー増も反応も期待できません。投稿を見た人がアカウントの傾向を知るために、まず世界観を統一することが重要です。どんな写真を主にあげてゆくのか、方向性をしっかり決めておきましょう。

⊙ 事例：岡山市消防局

　Instagramでは写真が3列で表示されることを上手に活用して、下の画像のように写真を切り分けて表示させインパクトを与える方法があります。ずれないように順序等をしっかり確認してから投稿しましょう。

出所：「【公式】岡山市消防局」（@okayama_fire119）Instagram

▼ 事例：高知県四万十町

　自然豊かな風景にフォーカスして、丁寧にレタッチ処理のされた写真をアップしています。このように世界観を統一することで多くのフォロワーを獲得できます。

出所：「高知県　四万十町」（@shimanto_town_official）Instagram

▼ 事例：愛媛県東温市

　「住民」にフォーカスをして世界観を統一させています。ふるさとへの愛着を醸成するシティプロモーションの参考になる事例です。

出所：「東温市　愛媛県」（@toon.city）Instagram

☰ **Instagramで情報を拡散するには**

「ハッシュタグ」を効果的に使う

Instagramでは「＃（ハッシュタグ）」を活用することで情報を拡散できます。あるハッシュタグが流行り、それを使う人が増え、情報が拡散されていくイメージです。ここではハッシュタグの活用について紹介します。

● ハッシュタグ検索でトレンドを確認する

出所：Instagram

　Instagramの検索バーから「＃」を選択してキーワードを入れるとトレンドのワードが表示されます。どんなワードでハッシュタグが作られているかがわかるので、**投稿数が多くかつ投稿する画像と合致するハッシュタグを文中に入れる**のが手っ取り早く効果的です。

● ハッシュタグは10個以上つける

出所：Instagram

　ハッシュタグは多く入れたほうが拡散するので、10個以上つけるようにします。ハッシュタグを自動生成するサイト「ハシュレコ（https://hashreco. ai-sta.com/)」などもあるので活用すると便利です。また、**Instagramは海外でも見られているので、**観光産業系の担当部署で風景写真などをアップするときには**英語のハッシュタグをつける**など工夫をしましょう。

事例：神奈川県葉山町

自治体Instagramの活用の成功例として注目されている神奈川県葉山町のInstagramでは、「#葉山歩き」を必ず入れてブランディングしているだけではなく、ハッシュタグを並べて文章にしています。また、改行を多く使い、右側に余白を残しているのもポイントです。Instagramの場合は、文章やハッシュタグをぎっちり入れないほうが反応が良い傾向があります。

ハッシュタグのあとに1文字分スペースを入れて文章を入れるなどの工夫をしてハッシュタグと言葉をつないで文章にしている。葉山町はどのようにしたら反響があるのか、親しみがあるのかを計算して戦略的にInstagramを使いこなしているので参考にされたい

出所：「葉山町（神奈川県三浦郡葉山町）」（@hayama_official）Instagram

大中小のキーワードに分ける

ハッシュタグのキーワードは3つに分類できます。

・ビッグキーワード………投稿数が多いもの　（例：#日本　#風景　#旅）
・ミドルキーワード………投稿数が中間のもの（例：#埼玉　#神奈川）
・スモールキーワード……投稿数が限定されているもの（例：#三芳町　#茅ヶ崎）

これらをバランスよく組み合わせて、検索でまんべんなく引っかかるための工夫をします。例えば、「三芳町で蛍が見られる」という投稿の場合は「#日本」「#埼玉」「#三芳町」「#蛍」を文中に含めます。さらに、海外からの反応も狙うなら、「#firefly」など英語のハッシュタグも入れます。

≡ **Instagram最大の特徴を使いこなす！**

「ストーリーズ」の基本と操作

ストーリーズとは通常の投稿とは異なり、動きのある文字を入れたりエフェクトをつけたりした写真や動画の投稿ができる機能です。投稿後24時間で削除されること、最大60秒の長さしかアップできないことがポイントです。ストーリーズを上手に活用することがInstagram運用の鍵となります。

● ストーリーズにアップする方法

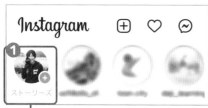

❶投稿画面上部にあるストーリーズ欄で自分のアイコンをタップします。

❷その場で撮影した写真や動画をストーリーズにアップする場合は撮影をし、保存されている写真や動画を使うときは左下のサムネイルをタップして任意の写真か動画を選択します。

❸何も加工せずにアップする場合は、左下の自分のアイコンをタップします。

❹ストーリーズにアップされました。最長60秒ですが、分割されてしまうのでできるだけ15秒以内におさめましょう。

出所：本頁内全てInstagram

⊙ ストーリーズでできること

ストーリーズでは、写真や動画に音楽や文字をのせて目に留まるような工夫をすることができます。

1枚で横の画像の表示

音楽をのせることができる
※ここから選択できる楽曲についてはストーリーズで使用する分には著作権の問題はない

写真や動画に様々なエフェクト処理を施すことができる

メンションやハッシュタグなど様々なスタンプを追加できる

出所：本頁内全てInstagram

手書きの文字を書き込むことができる

文字を入れて動きをつけるなどすることができる

111

≡ もっと詳しく見たいと思わせる

「ストーリーズ」から投稿に誘導する

通常の投稿は、ユーザー毎のおすすめ順で表示され、スライドしないと1つの投稿しか目に入りません。一方、ストーリーをアップするとフォロワーのフィード画面上部にアイコンが表示されます。これもおすすめ順ですが通常投稿より目に入る確率が高く、更新したことが伝わりやすいです。

⊘ ストーリーズはフォロワーの目に留まりやすい

Instagramを立ち上げると、ユーザー毎のおすすめ順に投稿が表示されます。新しく投稿された順に表示されるというわけではないので、フォロワーに確実にリーチできるとは言えません。

一方、ストーリーズを更新すると、左の画像のように、フォロワーのフィード画面の上部にアイコンが並んで表示され、未読のストーリーはアイコンの周りを枠で強調して表示されます。ストーリーズの表示もユーザー毎のおすすめ順ですが、通常の投稿よりも目に入る確率は高いです。

そして、ストーリーズから投稿に誘導させることで「いいね！」などのエンゲージメントを向上させることができるので、意識して連動させましょう。

出所：Instagram

⊙ ストーリーから通常投稿に誘導する

　ストーリーから通常投稿に誘導するには、誘導したい投稿をストーリーズにします。

❶誘導したい投稿の下部の「紙飛行機のマーク」をタップします。

❷「ストーリーズに投稿を追加」をタップします。

❸必要な場合、文字や効果を入れ、送信先をタップします。

❹シェアをタップしてストーリーを公開します。

❺完成。「投稿を見る」をタップすると元の投稿に飛ぶことができます。

出所：本頁内全てInstagram

≡ 加工動画で目をひく

「リール」を活用する

リールとは15〜60秒のショートムービーに文字やスタンプを入れたりエフェクト処理をしたりできる機能です。関心のありそうな投稿がアルゴリズムで表示される検索ページに大きく載るので、フォロワー以外にも見てもらいやすいというのが「リール」の大きな特長です。

◉ フォロワー以外の目にも留まる可能性がある

リールは大きく表示されるので目立つ

Q 検索

STAFF

出所：Instagram

Instagramはユーザーがフォローしているアカウントの投稿だけがフィードに表示されます。1人でも多くの人に目に留めてもらいアカウントの存在を知ってもらうために、「リール」機能を使う方法があります。

リールでは15〜60秒のショートムービーの投稿やエフェクト処理等ができます。リールの特徴はストーリーズとは異なり動画が24時間で消えることがないことと、発見タブ（虫眼鏡のマーク）をタップして最初に表示されるおすすめリストに表示されることです。しかも、リールは写真よりも大きく表示されるので目立ちます。

つまり、フォロワーでないユーザーにもリーチできるので、リールを使いこなすことがフォロワー増につながるといっても過言ではありません。

リールをアップする方法

❶ Instagramホーム画面上部の自身のアカウントのアイコンをタップします。

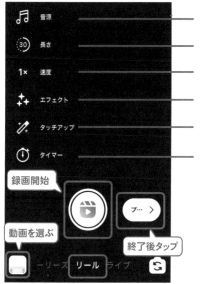

音楽を挿入

動画の長さを15、30、60秒の間から選択

再生速度をスロー〜4倍速の間で設定

各エフェクト処理を設定

明るさを補正

撮影時間を設定

❷ 最下部の「リール」を選択すると左の画面になり、撮影や撮影の各種設定を行うことができます。

❸ 使用する動画が決まった後にストーリーズと同様に文字を入れるなどの加工もできます。作業を終えたらシェアをタップして投稿します。

出所：本頁内全て Instagram

≡ **閲覧者のデータ等を分析**

「インサイト」で改善方法を考える

Instagramには投稿を目にした人の数や性別といったデータやインプレッション等が見られる「インサイト」という機能があります。

▼ インサイトの見方

　自身のプロフィール画面から「インサイト」をタップするとインサイト概要を見ることができます。どの地域で見られたか、どの時間見られたのかなどのデータを分析の素材として活用できます。なお、インサイト機能を使うためには「設定→アカウント→プロアカウントに切り替える」の手順で個人アカウントから「ビジネスアカウント」に変更する必要があります。

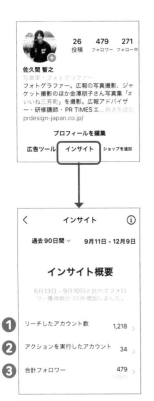

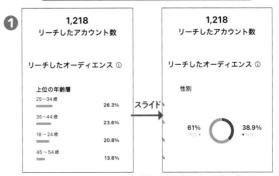

インサイトで抽出できる詳細データ

リーチしたアカウントの年齢層や性別などの属性がわかる

いいねなどのアクションを実行した人についての詳細がわかる

フォロワーの属性についての詳細がわかる

出所：本頁内全てInstagram

数字から改善方法を考える

　インサイトから、何が原因でフォロワーやリアクションが伸び悩んでいるのかを判断し、改善につなげます。

インプレッションが少ない

原因
・投稿数が少ない
・写真だけの投稿になっている

改善策
・投稿数を増やす
・リールとストーリーズを活用する
・最もアクティブな時間を分析してその時間帯に配信する

フォロワーが減る・反応が薄い

原因
・写真の質が悪い
・世界観が統一されていない
・ハッシュタグの使い方が悪い

改善策
・画像に工夫をする／世界観を統一させる (本書106頁参照)
・ハッシュタグを効果的に使う (本書108頁参照)
・ストーリーズから投稿に誘導する (本書112頁参照)

Check　　　　個々の投稿のインサイトを確認する

全体のインサイトだけではなく投稿ごとのデータを知りたいときは、個々の投稿の下部にある「インサイトを見る」をタップします。発見タブからどれだけ流入してきたのかなどの詳細がわかるので投稿の質の向上のために活用しましょう。

≡ **目に触れる機会を増やすために**

投稿すべき時間帯と配信戦略

Instagramを利用している年齢層を勘案して、投稿する時間帯を決めましょう。ターゲットが若年層であれば通学時間や夕食から寝るまでの間の時間帯を、社会人なら通勤時・ランチタイムなどを狙って配信し、エンゲージメント率のアップにつなげましょう。

♥ 投稿するのにおすすめの時間帯

　Instagramのアクティブ率には波があり、「朝・昼・夜」にそれぞれピークがあります。平日は通学・通勤時間・昼・夕食から寝るまでの間が狙い目です。土日祝日はお昼になるにつれてアクティブ率が高くなる傾向があります。下の時間帯を意識して投稿しましょう。

⋮ 平日	⋮ 土日祝日
6：00〜 8：00 12：00〜13：00 19：00〜22：00	9：00〜10：00 11：00〜12：00 19：00〜22：00

Check　　　　　フォローにつなげる「プロフィール欄」

　フォローにつなげるには、丁寧なプロフィール欄を作ることです。プロフィールを見て信頼の置けるアカウントと判断でき、かつ、過去の投稿の質が高ければフォロワーが増えるはずです。

● 配信戦略を組み立てる

募集系・イベント告知の投稿

募集系やイベント告知の投稿はチラシを画像化し、テキストに概要を追記する方法がおすすめです。若者に応募してほしいときは特に、HPにアップするだけでなくInstagramも活用すると効果的な情報発信につながります。

出所:「高知県 四万十町」(@shimanto_town_official)Instagram

出所:「北本市」(@kitamoto_city)Instagram

過去のイベント写真・動画で告知＆リアルタイムでも配信

出所:「北本市」(@kitamoto_city)Instagram

イベントの開催前は左画像のように過去のイベントの写真・動画を投稿してイベント概要を告知し機運を醸成します。

さらに、イベント開催中は、リアルタイムに進捗を投稿しこれから参加しようと思っている人の後押しをします。

noteの特徴は、ブログのように文字数や画像の制限を気にせずに自由に投稿できることです。近年、多くの自治体が活用するようになりました。特に、広報やふるさと納税のプロモーションツールの1つとして活用している事例が増えています。

● 地方公共団体支援プログラムを活用する

　noteの地方公共団体支援プログラムを使えば、無償で「note pro」を利用でき様々なカスタマイズができます。

> **地方公共団体支援プログラムでできること**
>
> 1）公式感のある情報発信のホームベースを無料で簡単につくれる
> 2）長い記事も読まれるので、ストーリーや想いを届けられる
> 3）だれでも直感的に記事の創作ができる
> 4）広告やランキングがないため、公共性を担保できる
> 5）コメントのオン/オフが設定できるため、安心して使える
> 6）住民や事業者や企業やNPO等と共創型の情報発信ができる
> 7）公式サイトとは違う層に情報を届けやすい
> 8）運用フォローがあるのでつづけやすい
>
> 出所：note株式会社「自治体にnote proを無償提供、noteの地方公共団体支援プログラム」note
> （https://note.jp/n/n8fdb7f1072eb#jWaJP）

Check 目次を作ったり画像を自由にレイアウトしたりできる

画像がかたまりでしか表示できないSNSもある中、noteは文章の流れに沿って好きな位置に画像を挿入することができます。また、目次を作れる点もほかのSNSと一線を画す特徴です。

Chapter

5

「プッシュ型」＆「安心感」 LINEの使い方とポイント

01
LINE活用

≡ **全世代で圧倒的な利用率！**

LINEの利用層と
2つの特徴

日本で一番利用されているSNSツールが「LINE」です。全年代の利用率は86.9％で60代も約7割が利用しているという統計結果があります。LINEを有効活用することが幅広い世代に自治体の情報を届けるポイントと言えるでしょう。

◆ 全世代が利用している

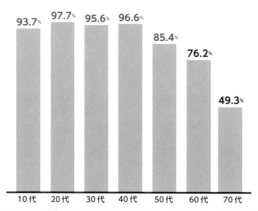

全年代の利用率
90.3%
うち男女別利用率
男性：**88.0%**
女性：**92.7%**

出所：総務省「令和2年度情報通信メディアの利用時間と情報行動に関する調査報告書」を基に筆者作成

　統計を年代別に見ると、10～50代のそれぞれの年代でLINEの利用率が8割を超えています。特に10～30代のそれぞれの年代における利用率は9割以上で、LINEは自治体の課題である若年層と子育て世代への情報リーチのために重要なツールであることがわかります。一方、60代の利用率も約7割と高く、どの自治体にとってもLINEをうまく活用することは急務といえます。

● LINEの2つの特徴

プッシュ通知ができる

　LINEは、（スマホの通知設定にもよりますが）「友だち」に追加しているアカウントから「トーク」が来ると、プッシュ通知でロック画面等に表示されます。

　しかし、「通知オフ」されるとプッシュ通知はできず、「ブロック」されるとトーク自体届かなくなってしまうので、ブロック等をされないような工夫が必要です（本書125頁参照）。

出所：「四万十町」LINE公式アカウント

ほかのメディアに誘導しやすい

　LINEではテキストだけではなく、左の画像のように、画像や動画を表示できます。

　また、画像や動画にリンクを貼り、関連するウェブサイトやSNSなどほかのメディアに誘導する設定（リッチメッセージ・リッチビデオメッセージ）もできます。

　そのほか、トーク画面の下部に常設のメニューを表示させる設定（リッチメニュー）などの工夫次第で、LINEは自治体の情報発信における大きな武器となります。

Check　　　　圧倒的なユーザー数を活かす

LINEを自治体で上手に活用していることを住民に伝えることができれば、誰1人取り残さずに情報を届けることができる可能性が広がることを認識しておきましょう。

≡ **メルマガより LINE が便利！**

開封率とブロック率に注意する

利用者が多いLINEであっても、また、自治体のアカウントが友だちに追加されたとしても、ブロックされてしまえば情報が届けられません。メルマガよりも気軽に友だち追加ができ開封率も高いLINEの特徴を押さえて、ブロックの原因を分析し対策を練りましょう。

❤ LINEの開封率は約60%

約**10**%以上
で御の字

LINE
約**60**%

　メールマガジンの開封率は10%以上で御の字といわれていますが、LINE公式の開封率は平均60%程度といわれています。「友だち」が5000人のLINE公式アカウントであれば3,000人が開封する計算になりますが、メルマガの場合は3,000人に開封させるには15,000人もメルマガ登録をしてもらわなければなりません。このことからも、多くの人に情報を届けるためにはLINEを活用することが効率的と言えるわけです。

気軽に友だち追加ができ利用者が多い

　幅広い層がLINEを利用しているため、LINEを活用すれば多くの住民に情報を届けることができます。気軽に友だち追加ができることも大きなポイントです。メルマガも登録してもらえばプッシュで情報を届けることができますが、登録までに「メールアドレス入力→メールが届くのでメール内の本登録のURLをクリック」というプロセスを経なければ登録をすることができず、途中で面倒になって登録を諦める人も少なくありません。

　一方でLINEの場合は、「友だち追加のボタンを押す」だけでいいのでより多くの人に情報を届けることができます。

ブロック率に気を付ける

　LINEは多くのフォロワー（友だち）を獲得をしやすい一方、ブロックをされることも多いのが特徴です。LINE公式アカウントのブロック率の平均は20〜30%と言われます。ブロック率が平均以上なら要注意です。

なぜブロックされるのか

- やたらと通知がくるので煩わしい
- 興味がない情報ばかり届く
- 「友だち」であるメリットを感じられない

　ブロックされないためにはターゲットに適した情報を届ける必要があります。属性を指定できるセグメント配信を活用して、年齢や性別、地域を指定して絞り込んで情報を届けるなどの工夫が必要となります。

Check　　　LINE公式アカウントを活用する

　LINE公式アカウントはフリープラン（無償）から利用可能ですが、自治体においては「地方公共団体プラン」の利用も検討しましょう。「LINE for Business」というサイト内の「**地方公共団体プラン詳細資料**」という媒体資料をチェックし、条件に合致すれば、「地方公共団体プラン」へ申し込みができます。

≡ 「気にならせる」ワザ

プッシュ通知の特徴と
開封への誘導

LINEを活用する大きなメリットとして、アプリを立ち上げなくても情報が届くプッシュ通知の存在があります。しかし、通知で気が付いてもらうだけでなく実際に見てもらえなければ意味がありません。プッシュ通知のポイントを押さえ、開封率の向上につなげましょう。

◆ 通知の内容で開封率が変わる

\ 文字とURL /　　　　　\ 絵文字を入れる /　　　　\ 短文で文字だけ /

画像：iPhone12

　通知が届いたとき、文字数が多いと面倒に感じられたり、URLがあると誘導されているようで不快に感じられたりしてしまうこともあります。

　上の3つの通知のうち、一番開封率が高いのは「短文で文字だけ」の通知と言われています。人が一瞬で頭に入る文字数は9〜13文字程度とされます。そのことも踏まえて、通知の表示のされ方の工夫を考える必要があります。

絵文字に注意！

　絵文字を入れると通知ではうまく表示されずに「(えへへ)」のように文字で表記されることがあるので留意しておきましょう。また、絵文字を使うと親近感や優しい印象を与えることができますが、絵文字を快く思わない住民もいるかもしれません。

情報を出し惜しみしてみる

通知だけで内容がわかってしまうと、「別に細かく見なくてもいいや」と思われてしまい開封率が低くなってしまうかもしれません。そこで、気になって開きたくなるような短文を冒頭に入れ、通知だけでは全てを把握できないようにします。これは、イベント告知などに有効です。情報を出し惜しみするのもテクニックの1つです。

緊急の情報は通知だけでも理解できるようにする

画像：iPhone12

自然災害や避難情報といった命に関わる情報や災害情報などの急を要する情報は、通知だけで内容が把握できるように工夫をすることが重要です。さらに、通知では改行されないため【災害情報】や【ワクチン接種予約情報】のように【　】で強調するなどしてタイトルを目立たせることもポイントです。

「リッチメニュー」を活用する

LINEの下段に表示されるバナーを「リッチメニュー」といい、とても目を引くのでクリック率も高くなります。リッチメニューは平時だけでなく有事の際にも非常に効果的です。どのような活用方法があるかを紹介します。

♥ 災害時用のリッチメニューに切り替える

　茅ヶ崎市の場合、通常のリッチメニューとは別に防災や災害情報に特化したリッチメニューが作成してあり、有事の際にすぐに切り替えられるようになっています。このような住民が知りたい情報を知りたいときに得られるような工夫が大切です。

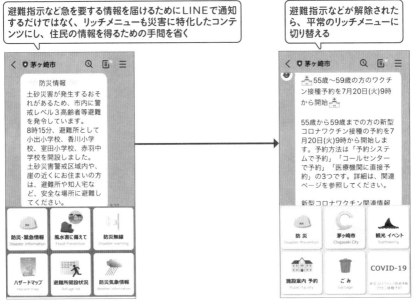

出所：「茅ヶ崎市」LINE公式アカウント

♥ リッチメニューのおすすめは「6分割」

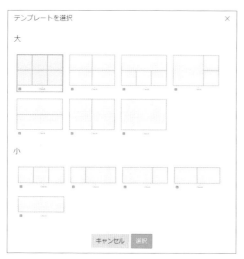

リッチメニューのコンテンツは1〜6つまで表示させることができます。一番バランスがよい「6分割」のパターンで作成することをおすすめします。

出所：LINE

♥ タブの切り替えでジャンルを差別化

外部ツールを実装（本書140・141頁参照）したり、個別にAPIを活用したりすることで四万十町のようにリッチメニューのタブを複数にしている自治体もあります。

出所：「四万十町」LINE公式アカウント

05
LINE活用

≡ **実はPowerPointで作れる！**

見やすい
「リッチメニュー」の作り方

LINE公式アカウントを使用していればリッチメニューを作成することができます。このリッチメニューが住民にとってわかりやすく使いやすいものになっているかどうかがブロック率を左右します。今回はPowerPointで6コマのリッチメニューを作る手順を紹介します。

⊙ PowerPointでおしゃれなリッチメニューが作れる

専門的な編集ソフトがなくてもPowerPointでリッチメニューを作ることができます。さらに、フリー素材のサイトのイラストを活用することで質の高いデザインができます。

使用ソフト：PowerPoint

Check おすすめのフリーイラスト素材のサイト

筆者がよく使用するフリーイラストのサイトは「ちょうどいいイラスト (https://tyoudoii-illust.com/)」と「ソコスト (https://soco-st.com/)」です。おしゃれなイラストが豊富にあるのでぜひ活用しましょう。

● PowerPointでリッチメニューを作る方法

❶PowerPointの上部メニューバーから「デザイン」を選択し、「スライドのサイズ」→「ユーザー設定のスライドのサイズ」を選択すると左のような画面が表示されるので、この画像の通りに数字を入れていきます。

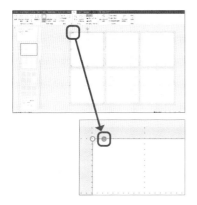

❷背景が動かないようにするために上部メニューバーから「表示」→「スライドマスター」を選択。背景色をお好みの色に設定後、6つのメニューの下地となる四角を作ります。四角の高さと幅は「7.55cm」にして等間隔に配置します。

❸四角の角が丸みを帯びていると柔らかい印象になります。そこで、オレンジの点を動かして、ほんの少しだけ角に丸みをつけるようにします。

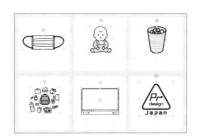

❹用意したイラストを配置していきます。視線は「左上から右下に」流れるので、一番見てほしい、またはニーズの高い情報は左上に配置するように心がけます。

❺最後に文字を入力します。このとき注意するのは文字のサイズとフォントの種類は必ず統一すること、文字をセンター揃えに配置することです。整理されていると見た目が良くなるので遵守するようにしましょう。

使用ソフト：本頁内全てPowerPoint

06
LINE活用

≡ **通知との相乗効果を狙おう**

画像で伝える 「リッチメッセージ」

リッチメッセージでは画像をメインに情報を届けることができます。また、通知で文章（タイトル）を表示させることもできます。通知とうまく組み合わせることで開封率を向上させることができるので、リッチメッセージを有効活用しましょう。

♥ リッチメッセージとは

出所：「茅ヶ崎市」LINE公式アカウント

タップすると指定したURLに飛ばす画像を送ることができます。1回につきリッチメニューと同じように最大6つまで設定できますが、スマホでは正方形が見やすいので、正方形を重点に活用しましょう。

Check 　通知は文字、トーク画面は画像ですみ分ける

リッチメッセージが届くと、通知にはリッチメッセージのタイトルが表示され、トーク画面には画像が表示されるので文字と画像のハイブリッドで情報を届けることができます。短いタイトルで興味をひきつけてLINEに誘導し、画像をタップしてもらう流れを意識しましょう。

⊙ リッチメッセージの設定の流れとポイント（PC）

出所：LINE

❶「リッチメッセージ」を選択し必要項目を入力します。通知でタイトルが表示されるので、タイトルに【　】をつけるなど工夫をします。画像をタップしたときに飛ぶリンクもここで設定します。一通り設定したら、「保存」します。

出所：LINE

❷「メッセージを作成」から⊕を選択し、❶で作ったリッチメッセージを選択して「配信」をクリックします。

≡ **使い回せる！ わかりやすい！**

画像と文字で伝える 「カードタイプメッセージ」

カードタイプメッセージでは、文字と画像を組み合わせてメッセージを送ることができます。カードにはいくつか種類がありますが、リンク先に飛ばすパターンのカードが一番シンプルで効果的なので、ここではこのカードタイプメッセージの作成方法を紹介します。

◆ 文字と画像でイメージしやすい

　情報を届けるときには文字だけでなく画像があるとより訴求力が高まるほか、イメージがしやすいというメリットがあります。カードタイプメッセージは文字と画像を組み合わせられるので、これを使うとより伝わりやすくなります。

　さらに、カードタイプメッセージは横にカードを並べることができます（最大9枚）。関連する情報を並列で伝えたいときなどに便利です。

ワクチン接種会場一覧　　　不明な点は問い合わせを

ワクチン会場一覧を見る　　　問い合わせ先一覧

出所：LINE

Check　　　リッチメッセージとのすみ分け

リッチメッセージでは毎回凝った画像を作る必要がありますが、カードタイプメッセージではテキストで差別化できるので、1つの画像を使い回すことができ便利です。リッチメッセージと上手に使い分けましょう。

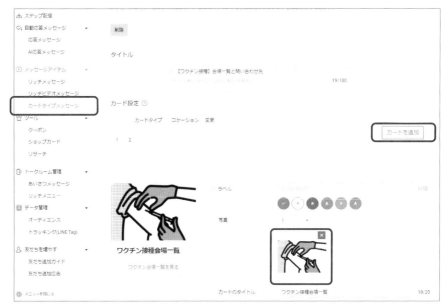

出所：LINE

❶「カードタイプメッセージ」を選択して表示される画面に沿って必要項目を入力していきます。カードを横並びに表示させたいときは「カードを追加」を選択して追加していきます。

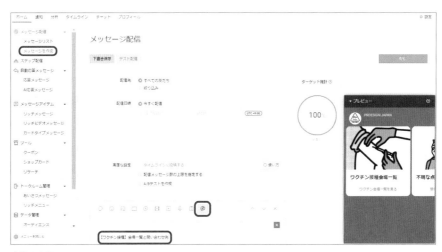

出所：LINE

❷「メッセージを作成」から⬚を選択し、❶で作ったカードタイプメッセージを選択して「配信」をクリックします。

≡ **単に動画アップだけが方法じゃない！**

「リッチビデオメッセージ」 のメリット

LINEで動画をアップする際、工夫をせずにただメッセージで動画を送るよりも「リッチビデオメッセージ」を活用したほうが、プッシュ通知で表示されるテキストを入力できる、トーク画面で大きく表示される、別サイトへの誘導がしやすいなどのメリットがあり、おすすめです。

♥ リッチビデオメッセージとは

リッチビデオメッセージとは、本書132頁で解説したリッチメッセージの動画版のようなものです。リッチビデオメッセージの設定から、リッチメッセージと概ね同じ手順で作成することができます。なお、動画とリッチビデオメッセージの違いは以下の通りで、リッチビデオメッセージのほうがおすすめです。

リッチビデオメッセージ

通知

リッチビデオメッセージのタイトルが表示され、何の動画かわかります。文字だけなので興味をひき、トーク画面に誘導しやすいです。

トーク画面

横幅いっぱいに動画画面を表示でき、インパクトがあります。

動画

通知

「動画を送信しました」とだけ表示され、トーク画面に誘導しにくいです。

トーク画面

サムネイルが小さいため目立たずインパクトに欠けます。

出所：LINE

画像：iPhone12

▼ リッチビデオメッセージを使うメリット

出所：LINE

自動再生される

　リッチビデオメッセージはタイムライン上で自動再生されます。

大きく表示される

　動画を送信したときよりもリッチビデオメッセージのほうが大きく表示されるので画面を拡大するなどの手間なくそのまま見てもらうことができます。また、縦の動画をリッチビデオメッセージでアップすると画面いっぱいに表示され、強いインパクトを与えることができます。PR動画などで活用することをおすすめします。

違和感なくサイトに誘導できる

　予めURLを設定しておくことで、トーク上の動画をタップすると上部に表示される「詳細はこちら」と動画の再生が終了すると表示される「詳細はこちら」から関連サイトに誘導できます。

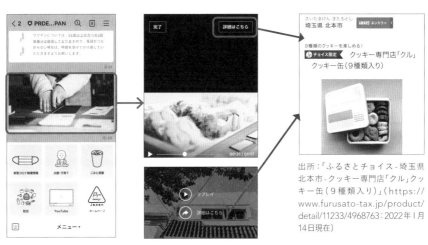

出所：LINE

出所：「ふるさとチョイス - 埼玉県北本市 - クッキー専門店「クル」クッキー缶（9種類入り）」（https://www.furusato-tax.jp/product/detail/11233/4968763：2022年1月14日現在）

≡ **課題を可視化できる！**

分析ツールで
改善方法を考える

LINEでは友だちやブロック数など様々なデータを分析することができます。なぜブロック数が増えたのか、どの年齢層に見られているのかなどを調査することはすなわち広聴となり、住民の動向やニーズを紐解くことができます。

◇ 分析ツールの見方

全体

開封率

属性
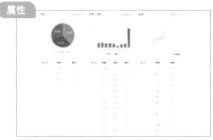

友だち

出所：LINE

　「友だち」の概要と属性、流入数、ブロック数、「メッセージ配信」の開封率、「フォロワー」は必ず分析しましょう。

数字から改善方法を考える

　分析ツールではデータをCSV出力できます。これを活用しながら、1か月ごとにデータを分析し、前月と比較するなどして傾向と対策を考えることが、質の高い情報発信のために重要です。

開封率・クリック数が少ない

原因

・文字ばかりで見る気がしない

改善策

・リッチメッセージやリッチビデオメッセージ、カードタイプメッセージを活用する (本書132 〜 137頁参照)
・通知の表示のされ方を工夫する (本書126頁参照)

ブロック数が多い

原因

・配信回数が多すぎる
・有益と思えない情報ばかりになっている

改善策

・1日1回程度の配信にする (または配信回数を減らす)
・量より質を心がける
・住民のメリットを考えて配信する

友だちが増えない

原因

・流入の経路が悪い
・LINEを運用していることの周知不足

改善策

・ほかのSNSとの連携を強化する (Twitterから流入を狙う等)
・広報で告知する
・QRコードでLINE公式アカウントに誘導させるチラシを作る等

≡ **LINEで「広聴」を実現**

チャットボット活用
&市民通報サービス

熊本地震をきっかけにLINEを積極的に活用している熊本県熊本市では、API対応ツール「KANAMETO」を使用しごみ分別についての問い合わせにチャットで自動的に回答したり市民から道路の異常や資源物の持ち去り等の通報をLINEで受けたりする取組みを行っています。

◎ チャットボット活用で問い合わせ減

　自治体への問い合わせで多いのは「ごみの分別方法」です。熊本市のようにチャットボットを活用できれば、住民はわざわざ役所に問い合わせることなく迅速に回答を得られるので便利です。自治体としても住民の問い合わせが減り、業務改善、人件費削減につながります。

> キーワードを入力すると、分別方法や取扱い、問い合わせ先など細かな情報をチャットボットが迅速に回答する

> 熊本市のトップ画面。最下部からごみ分別検索に誘導している

出所：「熊本市」LINE公式アカウント

140

● 市民レポート機能で24時間の通報に対応

　熊本市はリッチメニューの「市民レポート」から、道路の陥没や照明灯が切れているなど生活に関する市民からの通報を受け付けています。トーク画面の案内に従って写真・日時・位置情報などを選択するだけで、市に情報提供ができ、個人情報の入力も必要ありません。

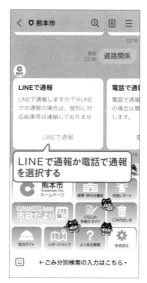

出所：「熊本市」LINE公式アカウント

写真・位置情報で正確に判断＆24時間利用できる

　電話で得られる情報は「音声情報」だけですが、LINE経由では「画像情報」や「テキスト情報」「位置情報」がわかるのでより正確に判断できます。また、住民にとって利便性が高く職員の業務負担軽減にもなります。さらに、夜間でないと切れているかがわからない照明灯なども気が付いたときにすぐにLINEで通報できることも大きなメリットです。

Chapter 5

☰ こんなLINEの使用方法も!?①

11 LINE活用

行列を解消&市民参加を促進

宮崎県都城市では、市役所窓口での順番待ちを解消するためにLINEを活用しています。順番が来たらLINEで通知がされる仕組みで、イメージとしてはフードコードで食事を注文して出来上がったら通知が来るような感じです。

❤ マイナンバーカード申請の行列を解消

出所:「都城市」LINE公式アカウント

　マイナポイントの付与やマイナンバーの健康保険証利用が可能となったこと等により、マイナンバーカードの申請が増え、各地で事務が追いつかずに混雑が生まれています。また、コロナ禍においては密を防ぐことも必要とされます。都城市では早期にLINEの積極的な活用を行い、混雑を解消しました。

♥ 市民に楽しみを提供

　多くの自治体が、ブロック等による利用者減に頭を抱えています。コロナの情報を得るために急激に友だち追加が増えたものの、その反動でブロック数も増えたという自治体が多いです。ブロックの主な原因の１つに、友だちでいるメリットがあまりないことがあります。

　そこで参考にしたいのが、都城市のLINE活用方法です。都城市のLINE活用方法で特に面白いのが、リッチメニューの「お楽しみ」タブです。LINE公式でプレゼント企画に参加したりふるさと納税の情報を得たりすることができ、例えば、市外に転出したものの地元の状況を知るために都城市を友だち追加している人などにも訴求できる内容となっています。

　都城市の「お楽しみ」タブのコンテンツのように、LINE公式のプレゼント企画（メリット）、LINE上での写真の募集（市民参加）といった「楽しみ」を提供することがブロックを防ぐために有効で、かつ、市民参加の促進・市民意識の醸成にもつながります。都城市のLINEを活用した戦略は、ほかの自治体でも横展開できるはずです。

出所：「都城市」LINE公式アカウント

≡ **こんなLINEの使用方法も!?②**

学校の欠席連絡＆
パブリックコメント

全国の自治体でLINEが活用されるようになり、小学校や保育園の欠席の連絡をLINEで行えるようにするなど独自の工夫をしながらLINEを活用する自治体が増えてきています。

♥ 公立学校の児童生徒の欠席連絡にLINEを活用

　沖縄県与那原町では、公立学校の児童生徒の欠席の連絡手段としてLINEを活用しています。以前はメーリングサービスを使用していましたがメールアドレスを持たない保護者もいたため電話での連絡が多く、その対応に追われていたそうです。LINEで欠席の連絡ができるようにしたことで、保護者の利便性が向上しただけでなく職員の業務負担も軽減されました。

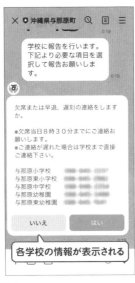

出所：「沖縄県与那原町」LINE公式アカウント

　埼玉県和光市ではリッチメニューに「市民参加」の項目を設けて、ここからパブリックコメントを受け付けています。

　また、LINEでコロナワクチンのキャンセル待ち登録の申請や自治会加入の申請もできます。

　和光市の事例は、自治会加入者の減少に頭を抱える自治体にとって良い参考となるでしょう。

出所：「和光市」LINE公式アカウント

近年注目されているのが「Pinterest」で、気になる画像をピン留めし情報をストックすることができます。画像にリンクを貼ったり、YouTubeの動画を埋め込んだりすることもでき、幅広い情報リーチが可能です。

● ビジュアルを重視した新しいプロモーション展開

Pinterestはとにかくビジュアル重視。パッと見て「おしゃれ」「かっこいい」と思うような画像がたくさん出てきます。自治体でも広報の表紙やまちの風景など、印象的な画像や写真を載せて活用してみてはいかがでしょうか。

広報の表紙を載せたり、Instagramと連動させたりと様々な工夫をしてビジュアルを重視した情報リーチをしている

Instagramのリールをシェアしてシームレスに動画を表示できる。

出所：「東温市 愛媛県 toon_city」Pinterest

Chapter

6

「常連ユーザー」&「顔が見える」Facebookの使い方とポイント

≡ **30代の利用が多い**

Facebookの利用層と
2つの特徴

自治体では、Facebookを活用してイベントレポートや観光の情報などを発信することが多いですが、最近は閲覧者の固定化の傾向が強いため、新規ユーザーを獲得するためには利用者層を把握しながら活用する必要があります。

⊙ 30・40代の利用率が高い

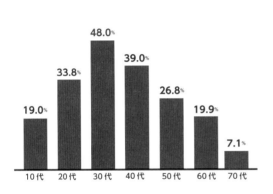

引用元：総務省「令和2年度情報通信メディアの利用時間と情報行動に関する調査報告書」を基に筆者作成

　統計を見ると、Facebookを利用している年齢層は30代が中心で次に40代が多くなっており、40代や子育て世代の30代に情報を届けるツールとして適していると考えられます。

Check　Facebookにスピード感はそれほど求められない

TwitterやLINEは「スピード感」「即時性」に優れていますが、Facebookはどちらかというとイベントレポートなど事後の情報に適しています。写真をたくさん掲載できる点もほかのSNSとは異なる点です。

🔽 Facebookの2つの特徴

原則実名で利用することとされている

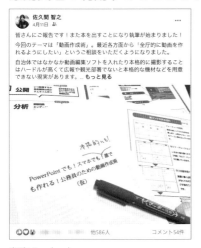

出所：Facebook

匿名のSNSが多い中、Facebookは原則実名で登録することになっている点が大きな特徴です。

そのためコメント欄が荒れるケースはあまりありません。ただし、コメント欄の表示をオフにすることはできず、意図しないコメントをされ反応に困ることもあるので、役所内のSNS運用ガイドラインを定める際コメントをしないなどの方針を決めておくことが重要です。

写真を一度にたくさん投稿できる

出所：「茅ヶ崎市役所「いとしのちがさき」Facebook

Twitterでは4枚までしか写真を投稿できませんが、Facebookでは多くの写真を一度に投稿できます。イベントなどを開催した「後」にレポートとして写真を配信することで参加者や関係する人たちへ情報をリーチしたいときに有益です。筆者の印象では、Facebookは未来の情報よりも過去の情報を報告するほうが適していて、リアクションも多いです。Facebookはレポートに、Twitterは事前告知などに使うなど、SNSの特性を踏まえて使い分けることが重要です。

≡ **イベント関係の投稿が効果的！**

自治体における
Facebook活用シーン

迅速に拡散したい情報はTwitter、じっくり読んでもらいたい情報はFacebookなどと使い分けている例が近年よく見られます。Facebookの特徴を勘案しながら自治体で活用できるシーンを考えてみましょう。

⊙ 開催中のイベントの宣伝

一定期間開催しているイベントや企画展などをより盛り上げるためにFacebookを活用することは有効です。写真を一度にたくさん掲載することができるので、枚数を気にせずに投稿できることもメリットの1つです。

出所：「茅ヶ崎市役所「いとしのちがさき」」Facebook

Check **Facebookは文字数を気にしなくてよい**

Facebookの文字制限は60,000文字（2021年11月現在）であるため、文字数を気にする必要はほぼありません。じっくり文章が読まれるFacebookでは、読み手をひきつける文章力も求められます。

● イベントレポート

出所：「中野大好きナカノさん」Facebook

文字数や写真の枚数を気にせず、じっくりとイベントをレポートしたい場面ではFacebookが有効です。

また、観光やプロモーションなどのアカウントを別につくることで、世界観を統一することができます。例えば、「選挙→観光→ワクチン接種→新規採用募集」のように統一感なくやみくもに情報を発信しているとフォロワーが減る要因になります。伝える情報を厳選することも必要です。

● イベントページを作り参加者を誘導する

出所：「ダイヤモンドシティ小美玉」Facebook

Facebookでは「イベント」を追加することができます。観光やプロモーション、そのほか図書館、子育て事業など様々なシーンで活用できるツールです（イベントページについては本書156頁参照）。

≡ 見た目と印象を変える！

役物や空白を使いこなす

Facebookでは文字を太くしたり色をつけたり、大きさを変えるなどの装飾はできません。しかし、大見出しや内容によっては小見出しを作りたいときもありますよね。そんなときに使えるおすすめの方法を紹介します。

♥ 見出しは＼／か【 】で強調する

「見出しはコレ！」と一目でわかるようにするために＼／や【 】で挟み込むと、ほかとの差別化を図ることができ強調されます。

出所：「ダイヤモンドシティ小美玉」Facebook

Check　　　　　　　「！」の落とし穴

「！」は汎用性があるのでついつい多く使いがちですが、意見を強調する印象を与え受け手が意見を押し付けられているように感じる場合があるので、多用せずに適度に使いましょう。

◆ 2行以上空けるテクニック

　改行を入れると余韻を出すことができ、印象が変わります。しかし、Facebookの投稿時に3行分空けようと改行を入れたのに投稿後に見てみると1行しか空いていなかったというような経験はありませんか？　複数行分空けたいときはスペースを入れてから改行すると改行がしっかりと反映されます。

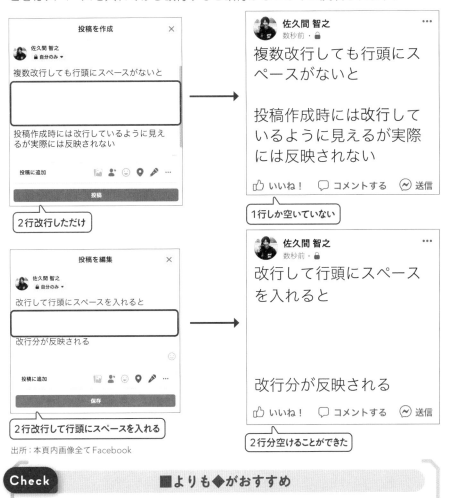

投稿を作成　×

佐久間 智之
🔒 自分のみ ▾

複数改行しても行頭にスペースがないと

投稿作成時には改行しているように見えるが実際には反映されない

投稿に追加　🖼 👥 😊 📍 ✏ …

投稿

2行改行しただけ

佐久間 智之
数秒前 · 🔒

複数改行しても行頭にスペースがないと

投稿作成時には改行しているように見えるが実際には反映されない

👍 いいね！　💬 コメントする　◉ 送信

1行しか空いていない

投稿を編集　×

佐久間 智之
🔒 自分のみ ▾

改行して行頭にスペースを入れると

改行分が反映される

投稿に追加　🖼 👥 😊 📍 ✏

保存

2行改行して行頭にスペースを入れる

佐久間 智之
数秒前 · 🔒

改行して行頭にスペースを入れると

改行分が反映される

👍 いいね！　💬 コメントする　◉ 送信

2行分空けることができた

出所：本頁内画像全てFacebook

Check　　　　　　　　■よりも◆がおすすめ

例えば、イベントの時間や会場などといった項目の頭に■をつけて強調することがありますが、■は環境依存文字であるため読み手の環境（端末・OS）によって小さく表示されてしまう場合があります。そこで、◆を使うことをおすすめします。

☰ **関心が高まる画像の配置**

写真の表示パターンと
工夫の方法

Facebookでの反応のよしあしは、パッと見て興味を引く画像があるかないかにかかっていると言っても過言ではありません。また、画像が綺麗に配列されているほうが見た目もよくリアクションも良い傾向があります。枚数や写真の縦横によって表示のされ方が異なるので注意が必要です。

◉ 必ず写真を入れて目を引く

佐久間 智之
6月4日・

【またまたご報告】

このたび人事通知書をいただき「早稲田大学マニフェスト研究所 招聘研究員」になりました！

大学出てないのにまさか早稲田大学の看板を背負うなんて。。。感無量です。学歴... もっと見る

佐久間 智之
6月4日・

【またまたご報告】

このたび人事通知書をいただき「早稲田大学マニフェスト研究所 招聘研究員」になりました！

大学出てないのにまさか早稲田大学の看板を背負うなんて。。。感無量です。学歴... もっと見る

出所：Facebook

　　　FacebookをはじめとしたSNSで目を引くためには「画像」が重要なポイントです。文字だけでは関心を引きにくいですが、写真を1つ入れるだけで関心を高めることができます。**読んでもらうではなく「見てもらう」ことを意識することがポイント**です。

⊙ 画像の枚数で表示方法が異なる

＼画像が1枚／

＼画像が5枚／

＼画像が2枚／

画像が2枚の場合、正方形の画像以外はバランスが悪くなる

出所：Facebook

　Facebookでは一度に多くの画像をアップすることができますが、綺麗に配置されないと見た目が悪くなってしまいます。**一番見た目が良いのは「1枚」**です。

⊙ 画像を複数枚投稿する場合は4枚がおすすめ

＼メインの画像が横長／

＼メインの画像が縦長／

出所：Facebook

　複数の画像をアップする場合、おすすめの枚数は「4枚」です。Facebookでは横長の画像のほうがバランス良く表示されるので、メインの画像（一番最初に選択する画像）は横長の画像を選択しましょう。メインの画像に縦長の画像を選ぶと上部右のように表示されます。

≡ **集客につなげる！**

イベントページの活用方法

Facebookでは「イベントページ」を作ることができ、研修会や講座などのイベントを周知して集客につなげることができます。Facebookのメリットである実名制や信頼性が参加者（住民）の安心感につながり参加してもらいやすくなるというメリットもあります。

● イベントページの３つのメリット

イベントページのメリットは３つあります。

①集客がしやすい

イベント作成時にフォロワーのフィードに表示されます。

②キャンセル通知が簡単

イベントを中止（キャンセル処理）をした際、参加予定者に通知が届きます。

③知り合い同士で参加しやすい

「友達」の参加予定が見えるので、安心感を与えることができます。

出所：「ダイヤモンドシティ小美玉」Facebook

：連続する講座など定期的なイベントに便利

全３回の講座など定期的に行うイベントであれば、その都度新しくイベントページを作らなくても日時と詳細を少し変えるだけで複数のイベントページをつくることができます。タブで別日の同じイベントに切り替えができるので、参加者にとってもわかりやすくて便利です。

● イベントページの作り方

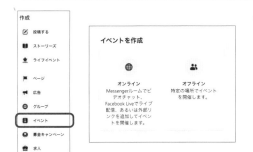

❶イベントページを作るにはホーム画面から「イベント」を選択します。「オンライン」か「オフライン」を適宜選択します。今回は「オンライン」を選択しました。

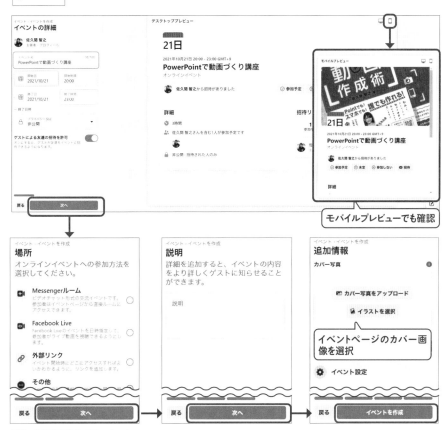

出所：本頁内画像全てFacebook

❷イベント名・日時・公開範囲・場所・説明・カバー画像といった必要事項を入力・設定していきます。画面右側はプレビューで、パソコン表示・スマホ表示を切り替えられるので、入力を終えたら、「イベントを作成」を押して完了する前に、両方のプレビューをしっかり確認しましょう。

≡ どういうふうに見てもらいたいか考える

動画＆URLへの誘導の
ポイント

Facebookでも、直接動画を投稿する方法とYouTubeにアップした動画をシェアする方法の主に2つで動画を投稿することができます。それぞれの特徴を理解し、どちらの方法をとるかよく考え、適切な方法で動画をアップしましょう。

⊙ とにかく見てほしいときは「直接投稿」

　動画ファイルを直接投稿した場合、ニュースフィード（Facebookを開くとまず表示されるホーム画面）に流れてきたとき自動的に再生されるので動きがあり、画像よりも目に留まりやすくなります。

　一方、YouTubeのURLをFacebookでシェアするとOGPでサムネイルが表示されるだけなので埋もれてしまいがちです。

> タイムラインに流れてくれば自動的に動画が再生されるので目立つ

> YouTubeのサムネイルが表示されるだけなのでインパクトに欠ける

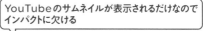

出所：Facebook

◉ 再生数を増やしたい・分析したい場合は「YouTubeに誘導」

　YouTubeに誘導することで、YouTubeの動画再生回数が増えます。

　また、YouTube Studioのアナリティクスから詳細なデータを分析できるので、データ活用のためにできるだけ分母を増やしたいという場合に有益です。

◉ YouTubeに誘導する際は「画像＋URL」を心がける

　ただし、既に述べたように、YouTubeに誘導する方法では、OGPでサムネイルが表示されるだけなので、ニュースフィード画面で見過ごされてしまいがちです。また、「YouTubeは通信料がかかるし、あとで観よう」と思われてそのまま忘れられてしまったり、YouTubeへ誘導している感が強く感じられ敬遠されたりすることもあり得ます。

　そこで、「画像＋URL」（サムネイルなどの画像を１枚添付して、文中にURLを入れる）を心がけましょう。OGPでしっかり作り込まれたサムネイルが表示される場合でも、「画像＋URL」でYouTubeに誘導している感を薄める工夫が必要です。YouTube以外でも、誘導したいときは「画像＋URL」の形が有効です。

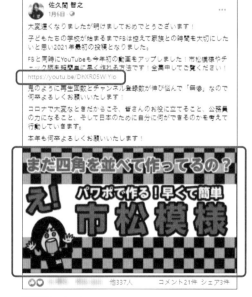

出所：Facebook

SNS広告とはSNS上に表示される広告で、訴求したい対象者の属性を絞り込んでリーチができる、拡散されやすいなどの特徴があります。自治体ではまちのプロモーションや新規採用職員の募集などに活用しているケースがあります。一方、リスティング広告（検索連動型広告）は、Yahoo!やGoogleなどの検索エンジンの検索結果を元に、その人がよく検索するキーワードに関連して表示される広告です。SNS広告はこれから検索して興味を持とうとしている人に情報をリーチでき、認知獲得においてメリットがある点がリスティング広告の違いと言えます。

● 各SNSの広告の特徴

■**Twitter**……特定のアカウントをフォローしている人や災害情報や地域名など特定のキーワードを含んだ投稿をした人など、細かくターゲティングができる。

■**Facebook**……アカウント情報に登録されているユーザーの居住地や学歴・キャリアなどを基にターゲティングができる。

■**Instagram**……画面全体に広告を表示でき、インパクトを与えられる。画像だけでなく動画で動きのあるPRができる。

■**LINE**……利用者が多いためリーチできる数が多い。地域など細かなターゲットの絞り込みができるのでターゲットの目に触れやすい。

■**TikTok**……若年層へのリーチに有益。全画面表示されるのでインパクトが強い。

なお、自治体では広告代理店に業務委託するケースが多いです。

「若年層」＆「動画中心」TikTokの使い方とポイント

01
TikTok活用

≡ **若年層にショートムービーで情報を届ける！**

TikTok の利用層と特徴

若年層をはじめ幅広い世代に人気のSNS「TikTok」は、官公庁や自治体で活用される事例が増えてきているなど、若年層に情報を届けるためのツールとして今注目されています。ここではTikTokの特徴や活用事例を紹介します。

◆ 10代の利用率が飛びぬけて高い

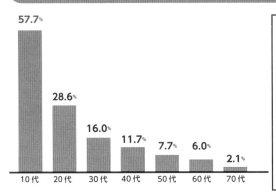

	全年代の利用率
	17.3%
	うち男女別利用率
	男性：**15.3**%
	女性：**19.4**%

引用元：総務省「令和2年度情報通信メディアの利用時間と情報行動に関する調査報告書」を基に筆者作成

◆ TikTokの利用層

　TikTokとはモバイルユーザー向けショートムービープラットフォームで、若年層のみならず幅広い世代に拡大している注目のSNSです。近年、官公庁や自治体の情報発信にも活用されてきています。10代の57.7％がTikTokを利用しており、10代に情報を届けるツールとして優れています。

Check 　　　　なじみのBGMを選曲できる

著名な曲を動画に使用することができるのもTikTokの特長の1つです。登録されている曲の中から自分の好きな曲を選んでサビの部分をBGMにするなど、楽しみながらアップすることができます。

❤ 拡散しやすく新規フォロワーが増えやすい

　フォロワー0からでもバズれて、フォロワーを増やせる「開拓」アルゴリズムがTikTokの特徴です。動画が投稿されると投稿やリアクションから動画の種類を判別して一定数に配信し、そこでユーザーの反応を学習して、さらに次のユーザーに届ける仕組みです。これにより、フォロワー数に限らない幅広いリーチが可能です。

従来のアルゴリズム

・フォロワーにしか広がらない
　「届ける」アルゴリズム
・フォロワーやハッシュタグ
　がないと埋もれてしまう
・広告を打たないと効果が出
　にくい

TikTok のアルゴリズム

・全ての投稿は一定数のユーザーのおすすめ
　フィードに「必ず」表示される
・その際のエンゲージメント、ユーザー属性、
　視聴態度を機械学習し、次のユーザーへと
　配信する
・反応が良い動画は自ずとより多くのユーザー
　のもとへ届き、始めたばかりのユーザーで
　も多くのユーザーにリーチすることが可能と
　なっている

❤ 事例：広島県

出典：【公式】広島県（@hiroshima-pref）TikTok

　広島県では、18歳から投票ができるようになったことに伴い、TikTokを使って10代を含む若年層に向けた期日前投票などの選挙についての情報発信をしました（画像左）。また、新型コロナウイルス感染拡大が深刻化していた2021年8月、各自治体がTwitterやLINEを活用した啓発を行う中、広島県では若年層の感染拡大を鑑み、TikTokを活用して啓発を行いました（画像右）。若者になじみのあるBGMを活用するなどの工夫もされており、参考になります。

≡ **TikTok ってどんなことができるの？**

画像だけでショートムービーを作ってTikTokにアップする

TikTokではショートムービーを作ることができます。また、動画ではなく画像を使って、BGM、スタンプや文字、メンション（@）を入れたムービーを作ることもできます。例えば、ワクチン接種のチラシやイベントの告知のポスターといった画像をムービーにして、TikTokにアップすることができます。

◎ TikTok投稿の手順

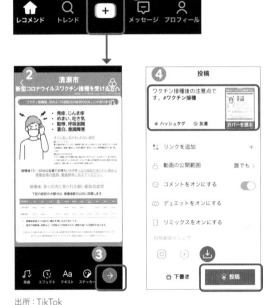

出所：TikTok

　画面下部に表示されているメニューから❶を選択して、「アップロード」から使用したい動画や画像を選択すると、❷の編集画面になります（今回は画像を選択し、15秒モードで作成します）。編集が終了したら❸をタップして❹の投稿画面を開き、ハッシュタグや友だちの紐づけ、動画の下部に表示するテキストの入力などを行った後「投稿」をタップして完了です。

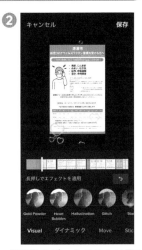

❶TikTokでは多くの楽曲が用意されています。また、動画に合わせて長さを自動で調整してくれるので便利です。

❷画像をズームさせたり震わせたりと様々なエフェクト処理をすることができます。

❸文字を入れたり、文字を輪郭や帯で装飾したりできます。入力後、ピンチアウトで文字のサイズを変えたり、スライドさせて位置を変えたりすることもできます。さらに、テキストをタップすると表示されるポップから、テキスト読み上げ（自分の声でナレーションを入れることに抵抗があるときなどに便利です）等ができます。

❹ステッカーでは、＠やハッシュタグなどを動画の上にのせることができます。

出所：本頁内画像全てTikTok

Chapter **7**

03

TikTok活用

≡ **やってみたら意外と簡単！**

自治体で使える
TikTokのおすすめ機能

動画制作だからといって身構える必要はありません。TikTokには動画作り
をサポートする機能がたくさん用意されています。ここでは、写真から動
画を作る機能や動画を装飾する機能など、自治体で使える便利な機能を紹
介します。

● フォトモーションで写真から動画を制作する

出所：TikTok

TikTokには、複数枚の写真
を組み合わせて動画にする
「フォトモーション」機能があり
ます。50種類以上のテンプレー
トの中からテーマを選択した
ら、指定された枚数の写真を選
ぶだけで簡単にショートムー
ビーを作成できます。動画制作
に慣れていなくても、写真や画
像があれば手軽に情報発信がで
きるのです。

Check テキストやステッカーでさらに注目度アップ

フォトモーション動画に、テキストを入れたり、ステッカーを貼ったりすること
も可能です。魅せ方を工夫して楽しい動画を作りましょう。

❤ 動画をアップロードして投稿する

出所：TikTok

　TikTokは、あらかじめ撮影しておいた動画をアップロードして投稿することも可能です。この方法なら、自治体のプロモーションビデオなど過去に制作した動画を投稿することができます。動画の不要部分をカットしたりテキスト、ステッカー、エフェクトで装飾したりすることもできます。

❤ 便利なアフレコと自動字幕起こし機能を使う

出所：TikTok

　自治体の情報発信で特に重宝するTikTokの機能が、動画に音声ナレーションをつける「アフレコ機能」と、動画の音声から自動的に字幕を生成する「自動字幕起こし機能」です。

　アフレコ機能は、動画の内容を音声で補足するときなどに便利です。また、自動字幕起こし機能を使うと聴覚に障がいのある方に配慮した動画を手軽に作ることができます。

≡ **新しい情報発信**

クリエイターと連携した 自治体の新しい情報発信の形

官公庁や自治体が自ら動画を制作するだけでなく、TikTokクリエイターの力を借りて情報発信をする事例も増えてきました。高い表現力が期待できるだけでなく、クリエイターのファンをはじめとした新たな視聴者に情報を届けられることが大きなメリットです。

◆ クリエイターの表現力を生かしてメッセージを届ける

　TikTokには、映像、グルメ、音楽、教育、アニメーションなど、幅広いジャンルの人気クリエイターが集まっています。このクリエイターたちの表現力・情報発信力を生かすことで、新たな行政情報の発信方法を見つけたり、これまで情報を届けられていなかった層に情報を伝えたりすることができます。

◆ クリエイターの表現力を活かした事例

　三重県観光連盟では、人気映像クリエイターと連携し観光スポットを芸術作品のような斬新な映像で紹介しています。2019年からTikTok活用を進めている茨城県も、5名のクリエイターとの共同企画を実施し茨城県の魅力を新たな視点で切り取った約10本の動画を制作しています。このように、各クリエイターのアカウントから発信することで新たな視聴者層の開拓を狙えます。

出所：にしじゅん【@nishijun.1】
TikTok

出所：ぞのさんっ【@zono.sann】
TikTok

◆ 新型コロナ感染対策に活用した事例

　岩手県では新型コロナウイルス感染症対策本部アカウントを開設し、人気のアニメーターや地元出身クリエイターを起用して動画を制作しています。広島県も悪役俳優ユニットの純悪による動画を公開するなど行政情報が届きにくい若い世代に、感染症対策について知ってもらうために工夫を凝らしています。

出典：岩手県新型コロナウイルス感染症対策本部
（@iwate-pref_official）TikTok

出典：【公式】広島県（@hiroshima-pref）
TikTok

◆ 伝統産業の魅力をミュージアムから生配信した事例

　TikTokのライブ配信機能であるTikTok LIVEを活用した取組みを行ったのが、京都伝統産業ミュージアムです。総監督、技術ディレクター、出演者のすべてにTikTokクリエイターを起用しミュージアムから生配信した番組は約1万5000人が視聴しました。

出典：TikTok「GoToアート TikTokで巡る京都伝統産業ミュージアム」
（https://activity.tiktok.com/magic/eco/runtime/release/60cb14b70ef94803117a926a?appType=tiktok）

≡ **メッセージをしっかり伝えたい！**

TikTokで視聴数を伸ばす3つのポイントと工夫

多くの人が1日に何時間も使うスマートフォンと相性がいいのが、画面全体を有効に使える縦型動画です。縦型動画を投稿するTikTokはスマホ時代にぴったりのプラットフォームといえます。ここでは、そんなTikTokで訴求力のある動画を作るためのポイントを紹介します。

❤ 動画が観られやすくなる3つのポイント

　動画をアップするにあたり、TikTokを利用している年齢層を考えること、その層がどんなことに関心があるかを考えることが大切です。TikTokで動画が観られやすくなるためのポイントが3つあるので覚えておきましょう。

１．継続的に投稿する

より多くのユーザーに知ってもらうためには、定期的に投稿することが大切です。できれば週2、3本以上投稿するとよいでしょう。**投稿時間はユーザーが集まりやすい18時から20時頃がおすすめです。**

２．最後まで観てもらうことを意識する

動画のエンゲージメントを高めるには、ユーザーに最後まで観てもらうことが重要です。**動画の長さは1分以内を目安**とし、間延びしないよう、なるべくコンパクトにまとめましょう。

３．ユーザーとのコミュニケーションを忘れない

ユーザーが動画に「いいね」をしたり、コメントを投稿すると動画のエンゲージメントが高まりやすくなります。そこで、**動画内やキャプションでユーザーに質問を投げかけるなど、コメントを促すような工夫も大切**です。またユーザーが書いてくれたコメントには可能な範囲で返信し、難しい場合でもコメントに「いいね」を付けるとよいでしょう。

動画の内容には「観たくなる」工夫を

　動画作りにも、TikTokならではの工夫のポイントがあります。はじめからすべてのポイントを盛り込むのは難しいですが、なるべく意識しながら動画を作ってみるとよいでしょう。

① 最初の1、2秒でユーザーの興味を引く

　ユーザーが動画を観続けてくれるかどうかは、最初の1、2秒にかかっています。冒頭にインパクトのあるシーンや画像を入れましょう。

② ユーザーが飽きない工夫を凝らす

　テロップを入れたり、テンポよく場面を切り替えたり、画質にこだわったりと、ユーザーが飽きずに最後まで観られるように工夫をしましょう。

③ あえてツッコミどころを作る

　伸びる動画はコメントも盛り上がります。ときには、ユーザーがついコメントしたくなるような隙をあえて残しておくのもテクニックの1つです。

④ 「中の人」の人となりを見せる

　TikTokでは完成度の高い動画よりも、共感できる動画が好まれる傾向にあります。「中の人」の人となりがわかるような作りの動画は、ユーザーのエンゲージメントが上がりやすくなります。TikTokはまだまだ成長中のプラットフォームで、日々新しい表現手法が生まれています。この新しいプラットフォームを使いこなすためにも、どんな動画が流行しているのか、どんな構成がユーザーを引きつけるのか、日頃からTikTok動画を眺めてチェックしておきましょう。

Check　　　　　　　ベンチマークを決める

人気のあるTikTokクリエイターや上手にTikTokを活用している自治体の動画を観て、内容や演出、ハッシュタグのつけ方などを分析して「クセ」を見つけ、自身の運用に活用しましょう。

7 ： アーンドメディアの活用

　有事に誰ひとり取り残さずに情報を届けるためには、避難情報や生活再建に役立つ情報、地域外へ支援を呼びかける情報などを多角的に発信していくこと、自庁のメディア以外のメディア活用が重要です。さらに、「支援の呼びかけが一段落した後、時間が経つにつれて被災地からの情報の発信・流通が徐々に減ってしまう」という課題を解決するには、SNSのみならず多くのツールを活用して情報を広げ、メディアに取り上げてもらうなどの工夫が必要です。筆者がエバンジェリストを務めるPR TIMESではプレスリリースを活用しメディアに広く情報を届けるため、災害に見舞われ復旧復興に取り組む自治体限定でPR TIMES のプレスリリース配信を一定期間無料で利用できる「災害復旧・復興支援のための情報発信プログラム」を提供しています。

● 適用対象となる災害の定義

① 激甚災害
適用対象となる地域……「主な被災地」に記載がある**都道府県と記載がある都道府県内の市区町村すべて**
② 災害救助法
適用対象となる地域……各発表資料内に記載がある**「災害救助法適用市町村」**、ならびに、その市区町村がある都道府県
参照サイト：http://www.bousai.go.jp/taisaku/kyuujo/kyuujo_tekiyou.html

---

詳細は下記アドレスから【自治体向け】『災害復旧・復興支援のための情報発信プログラム』お申込み・お問い合わせフォームのページにて

https://tayori.com/f/fukkyu-fukko

おわりに

　この本を出版するにあたり多くの人のお力添えをいただきました。

　埼玉県北本市の福島さん、有住さん、林さん、荒井さん、秋葉さん、佐守さん、重森さん、落合さん、南さん。茨城県小美玉市の中本さん、代々城さん。東京都中野区の広報とCPの皆さん（高村さん、高橋さん、大澤さんほか）。東京都清瀬市の鈴木さん、井田さん、関沢さん。神奈川県茅ヶ崎市の豊原さん、今井さん、江原さん、関口さん、田辺さん、渡辺さん、佐藤さん、小林さん。神奈川県葉山町の皆さん。高知県四万十町の竹村さん。愛媛県東温市の小出さん。岡山市消防局の皆さん（今田さん、岡崎さん）。広島県の瀬戸さん、鍋島さん。熊本県熊本市の一野さん。宮崎県都城市の河野さん、橋口さん、牧田さん、森さん、瀬之口さん。沖縄県与那原町の広報ご担当者の皆さん。和光市の山本さん。しんじょうくんの守時さん。農林水産省の松じゅんさん。LINEの福島さん。TikTokの笠原さん。PR TIMESの山口さん、高田さん、舛田さん。Yahoo!の大屋さん。アップフロントの皆さん、そして金澤朋子さん。

　この他にも書ききれないほど、多くの皆さんのご協力のもとに本書を世に出すことができました。そして、いつも優しく支えてくれる学陽書房の松倉さん、紙面づくりにご協力いただいた全ての皆さんに篤く御礼を申し上げます。

　皆さんのおかげで無事に本書を出版することができました。本当に、本当にありがとうございます。

　最後に。発信力＝広報力と言えます。広報力は、どの部署に異動しても必要な能力です。そして、実はこの力はSNSを運用する中で培うことができるのです。ぜひ、本書を自分自身のため、仕事のために役立てていただければ幸いです。

2022年2月吉日

佐久間　智之

●著者紹介

佐久間 智之 （さくま ともゆき）

1976 年生まれ。東京都板橋区出身。埼玉県三芳町で公務員を18年間務める。税務課（固定資産税）、健康増進課（介護保険）を経て広報室へ。独学で広報やデザイン・写真・映像などを学び、全国広報コンクールで内閣総理大臣賞を受賞、自治体広報日本一に導く。2020 年 2 月に三芳町を退職し、PRDESIGN JAPAN ㈱を立ち上げる。現在は執筆の傍ら行政・自治体の広報アドバイザー、早稲田マニフェスト研究所招聘研究員、PR TIMES エバンジェリストなどを務める。地方公務員アワード2019 受賞。Juice=Juice 金澤朋子写真集『いいね三芳町』のフォトグラファー。『Officeで簡単！ 公務員の 1 枚デザイン術』『PowerPoint からPR 動画まで！ 公務員の動画作成術』など著書多数。研修講師は年間120 回以上。

■ Twitter
https://twitter.com/sakuma_tomoyuki
ID：@sakuma_tomoyuki
■ Instagram
https://www.instagram.com/sakuma_tomoyuki
■ Facebook
https://www.facebook.com/tomoyuki.sakuma.3
■ YouTube
https://bit.ly/3FcbZll
■研修・講師などのお問い合わせ
https://prdesign-japan.co.jp/service/
t.sakuma1976@gmail.com

●協力自治体・官公庁等（順不同）

茅ヶ崎市／中野区／岡山市消防局／北本市／清瀬市／しんじょうくん／農林水産省／四万十町／東温市／熊本市／都城市／小美玉市／広島県／与那原町／葉山町／特別区全国連携プロジェクト／和光市／三重県／岩手県

●監修協力

LINE、TikTok

やさしくわかる！
公務員のためのSNS活用の教科書

2022年2月28日　初版発行

著　者　佐久間智之

発行者　佐久間重嘉

発行所　**学陽書房**
　　　　〒102-0072　東京都千代田区飯田橋 1-9-3
　　　　営業部/電話　03-3261-1111　FAX　03-5211-3300
　　　　編集部/電話　03-3261-1112
　　　　http://www.gakuyo.co.jp/

ブックデザイン/スタジオダンク
印刷/精文堂印刷　製本/東京美術紙工

SNS×動画でもっと伝わる広報術！

A5判・並製・160ページ　定価＝2,000円（10％税込）

●動画を作るのは難しいから手を出せない…そう思っている広報担当者のあなたに！　手持ちのソフトでも作れる、簡単でわかりやすい動画作成術が満載！　炎上対策や配信・分析のコツまでまるごとわかる、自治体動画づくりの手引きの決定版！